U0853234

融媒体新形态教材

新编21世纪职业教育精品教材·电子商务类

网店美工与视觉设计

（第二版）

主　编　邹凌空　王　芳
副主编　赵志斌　闫　寒

中国人民大学出版社
·北京·

图书在版编目（CIP）数据

网店美工与视觉设计 / 邹凌空，王芳主编. -- 2 版.
北京：中国人民大学出版社，2025. 1. --（新编 21 世纪职业教育精品教材）. -- ISBN 978-7-300-33499-8

Ⅰ. F713.361.2

中国国家版本馆 CIP 数据核字第 20251BA554 号

新编 21 世纪职业教育精品教材 • 电子商务类

网店美工与视觉设计（第二版）

主　编　邹凌空　王　芳

副主编　赵志斌　闫　寒

Wangdian Meigong yu Shijue Sheji

出版发行	中国人民大学出版社		
社　　址	北京中关村大街 31 号	邮政编码	100080
电　　话	010－62511242（总编室）		010－62511770（质管部）
	010－82501766（邮购部）		010－62514148（门市部）
	010－62515195（发行公司）		010－62515275（盗版举报）
网　　址	http://www.crup.com.cn		
经　　销	新华书店		
印　　刷	北京瑞禾彩色印刷有限公司	版　　次	2021 年 4 月第 1 版
开　　本	787 mm × 1092 mm　1/16		2025 年 1 月第 2 版
印　　张	13.5	印　　次	2025 年 1 月第 1 次印刷
字　　数	270 000	定　　价	52.00 元

PREFACE 前言

随着网络贸易的不断流行，网上店铺蓬勃发展起来，网店美工正是基于蓬勃发展的行业而兴起的职业。好的网店美工不仅可以为消费者带来舒适的视觉体验，还能将良好的营销思维应用到产品中，通过呈现独特的利益诉求点打动消费者，促使消费者实施交易行为，因此网店美工越来越受到电子商务企业的重视。为了满足电子商务行业对网店美工人才的现实需求及职业院校教学的需求，我们特编写了本书。

本书积极发挥教材培根铸魂的重要作用，以习近平新时代中国特色社会主义思想为指导，全面融入党的二十大精神，把提高学生的思想道德素质与专业素养和知识技能融为一体，为中国式现代化建设提供高技能人才支撑。

本书具有以下特色：

（1）定位准确。本书始终围绕电子商务行业背景下的网店美工岗位开展教学设计，注重学生的基础理论和基本技能的培养，将理论与实践案例相结合，构成了理实一体化的教材组织结构。

（2）内容创新。本书从企业实际需求出发，通过分析网络消费者行为，挖掘视觉营销关键点，形成教学内容体系。

（3）应用为主。本书内容从图片美化与修饰的一般流程入手，逐步引导学生学习网店美工工作所涉及的各种技能，由浅入深，层层深入。

（4）案例实用。本书选取的案例都来自美途电商视觉设计工作室，每个案例都是倾注了其作者多年实践经验的真实案例，每个功能都已经通过技术验证，实用性强。

通过对本书的学习，学生可以对网店美工有全面的认识，能够了解视觉设计的基础知识、掌握网店美工的技术、具备网店美工的相关应用能力，成为应用型网店美工专业人才。

本书由邹凌空、王芳担任主编，赵志斌、闫寒担任副主编。由于时间仓促和编者水平有限，书中难免有疏漏和不妥之处，恳请广大读者批评、指正。

编者

CONTENTS 目录

DEAR·PURE·CARE
赠同款替换
滋润款「豹纹气垫」行业力荐

七夕节
Love Heart
七夕.大声说爱
Time:8月12日-8月17日
一同分享生活,"包"你开心

mini

萌宠来袭
2025
"萌"包来袭

文艺清新の帆布帽
Little Artsy fresh hair band.
清新 | 简单 | 可爱

LIST SALE
乳饮品专场
牧场鲜奶第二件1元
ORANGE

01 第 1 章　网店美工入门基础

本章导读

随着互联网的普及和电子商务的发展，网络购物日渐成熟，正变革着社会的消费方式，改变着人们的消费习惯。网络购物的快速发展也直接带动了商品摄影、美术设计等行业的发展壮大，为经济发展增添了新动能。

本章主要为大家介绍新兴的一种职业——网店美工，了解什么是网店美工、网店美工的工作范畴，以及从事此职业需要了解哪些专业知识。

学习目标

知识目标

1. 了解网店美工的工作范畴；
2. 了解网店美工必备的技能要求。

能力目标

1. 能够安装网店美工所需要的软件；
2. 能够独立完成网店美工需要做的准备工作。

素养目标

1. 培养对网店美工相关内容的学习兴趣；
2. 提升职业素养。

1.1 网店美工概述

网店中的商品，买家无法接触其实体，图片、文字和视频就成为传递商品信息的重要载体。一张设计精美的商品详情页可以给人以舒适的、直观的视觉感受，让消费者从设计的界面中了解到更多的商品相关信息，所以美工对于电商的重要性不言而喻。

1.1.1 网店美工的工作范畴

网店美工是淘宝、天猫、京东等电商平台网店页面设计美化人员的统称，也是网店运营过程中一个非常重要的岗位。

网店美工的主要工作内容是拍摄与美化商品图片、制作商品主图和详情页、设计各类商品海报、装修与美化网店等，如图 1－1、图 1－2、图 1－3 所示。

图 1－1

图 1－2

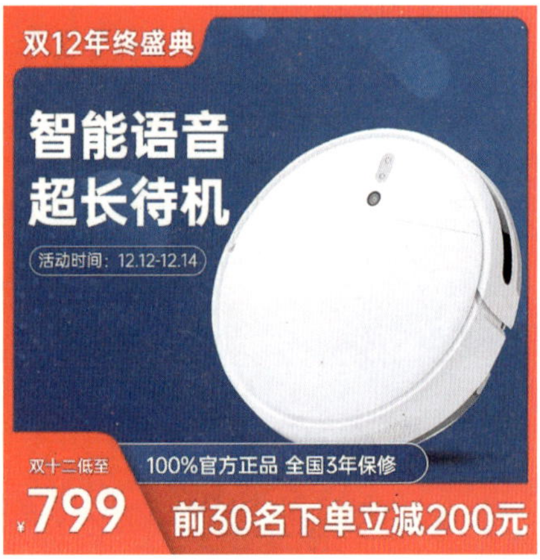

图 1－3

1.1.2 网店美工的技能要求

要成为一名合格的网店美工，首先需要具有扎实的美术功底和良好的设计创作能力，具有一定鉴赏能力，具备基本的图像处理与设计能力，能够熟练使用 Adobe Photoshop、Adobe Dreamweaver、Adobe Illustrator 等设计应用软件。

其次，网店美工要能够通过图片、文字和颜色等视觉语言，表现出商品的独特卖点，让消费者感知到商品的优势。同时，网店美工还需从运营的角度分析和思考，以提升所设计图片的点击率和店铺转化率。

1.1.3 网店美工的交流平台

从事网店美工工作离不开与同行的交流和学习，下面介绍三个网店美工必备的交流学习平台，可供广大网店美工下载素材、寻找灵感和交流学习。

1. 花瓣网

花瓣网是图片素材的领导者，可以帮助设计师发现、收集网络上喜欢的事物，首页如图 1-4 所示。

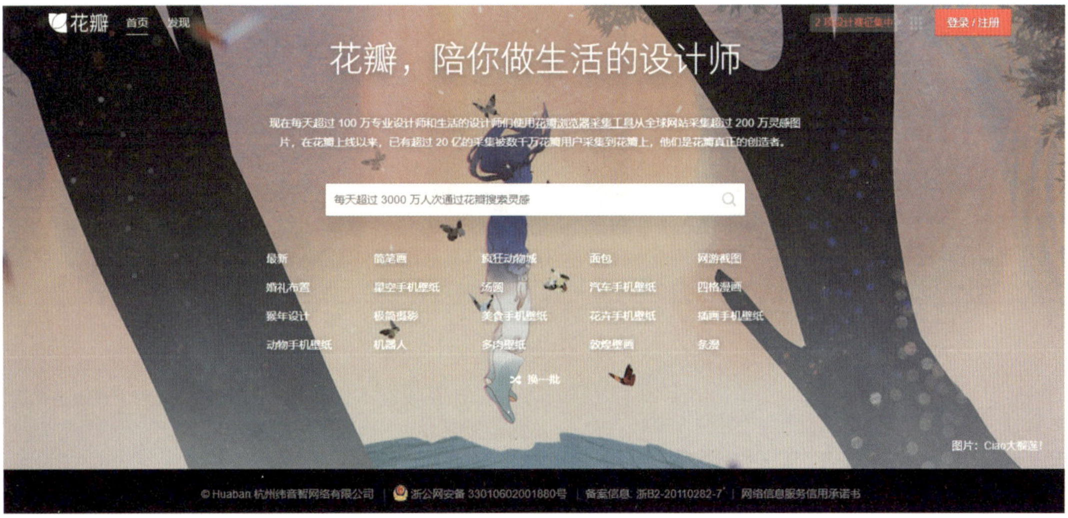

图 1-4

2. 站酷网

站酷网是国内设计师交流互动的平台、300 万设计师的聚集地，强力覆盖设计创意从业人群，首页如图 1-5 所示。

3. 千图网

千图网是素材网站，拥有 800 多万张素材，提供矢量图、psd 源文件、图片素材、网页素材等，首页如图 1-6 所示。

图 1－5

图 1－6

1.2 网店美工工作准备

1.2.1 常用工作软件

网店美工在工作时，需要掌握的软件包括 Adobe Photoshop、Adobe Dreamweaver、Adobe Illustrator 等。

1. Adobe Photoshop

网店美工最常用的工具就是 Adobe Photoshop，简称为 PS 软件。PS 是由奥多比系统公司（Adobe Systems Incorporated）开发和发行的图像处理软件，主要处理由像素所构成的数字图像，可以有效地进行图片编辑工作，如图 1－7 所示。

图 1－7

2. Adobe Dreamweaver

Dreamweaver 简称为 DW 软件，同样是奥多比系统公司旗下的一款软件，最新版本是 Adobe Dreamweaver CC 2024。DW 是一套针对专业网页设计师特别开发的视觉化网页开发工具，利用它可以轻而易举地制作出跨越平台限制和浏览器限制的充满动感的网页，如图 1－8 所示。

图 1－8

3. Adobe Illustrator

Adobe Illustrator 简称为 AI 软件，是奥多比系统公司推出的一款矢量图形制作软件，广泛应用于印刷出版、海报和书籍排版、插画、多媒体图像处理、互联网页面的制作等。网店美工使用 AI 软件，主要制作图标、海报艺术文字等，如图 1－9 所示。

1.2.2 常用字体安装

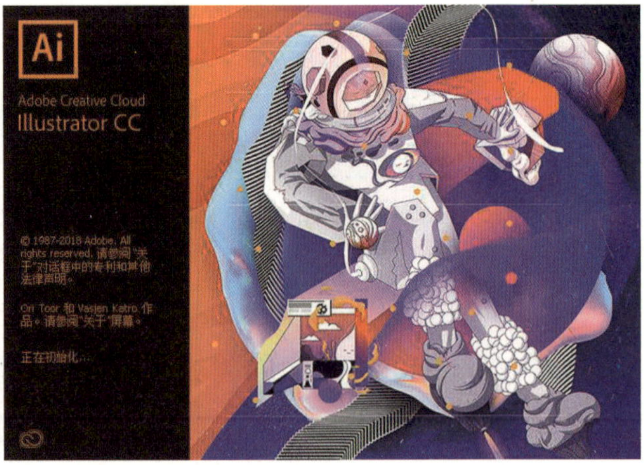

图 1－9

在设计制作美工作品时，字体是非常重要的元素，影响着最后的设计效果，因此字体成为设计师最常用的设计资源，应提前在计算机中安装各类常用字体。

在选择字体的时候一定要注意版权问题，避免不必要的纠纷。阿里巴巴普惠体是阿里巴巴集团面向所有用户提供的免费商用字体，可以满足大多数企业或设计师们的日常需求，如图 1－10 所示。

图 1－10

计算机字体的一般安装方法：在开始菜单中，打开系统的控制面板，在控制面板中找到字体选项并打开，然后把下载好的字体直接拖进来即可，如图 1－11 所示。

1.2.3 网店美工素材库

素材库是网店美工的另一个重要资源。优秀的网店美工都会有一个属于自己的素材库，一般包括优秀作品、模板素材、字体素材、设计元素等内容。

素材库素材的收集需要网店美工慢慢积累。网店美工在日常生活中要时刻保持对素材的敏感性，随时保存遇到的各种优秀素材，素材的收集渠道包括千图网、我图网、花瓣网、

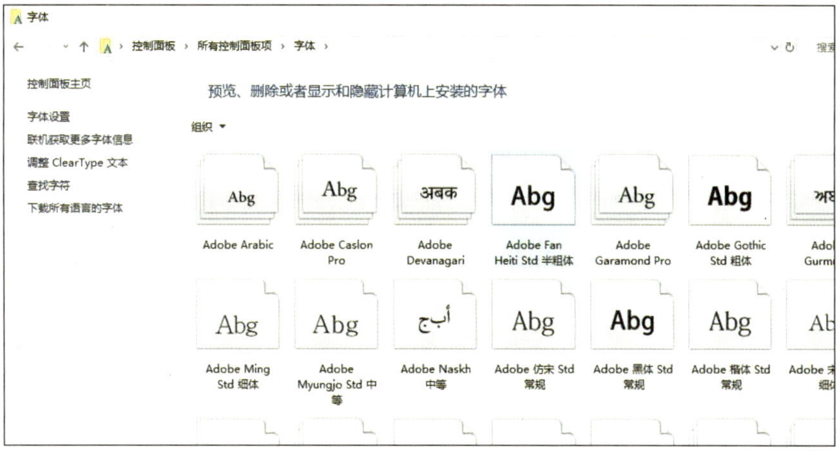

图 1 – 11

站酷网等。另外值得注意的是，在互联网上收集到的图片素材，如果直接商用，往往会涉及版权问题，因此在商业应用时可以购买一些素材图库，既节省收集时间又避免版权问题。

本章小结

本章主要介绍了网店美工的基础知识，包括网店美工概述、网店美工工作准备等。通过本章内容的学习，学生应该对网店美工的工作职能及工作技能有基本认识，掌握从事网店美工之前需要做的准备工作。

实训活动

在老师的安排下，完成表 1 – 1 中的实训任务。

表 1 – 1　实训任务

序号	任务列表	任务要求
1	通过百度搜索引擎、BOSS 直聘网站等搜索“电商美工”“淘宝美工”“网店美工”等职位信息	了解网店美工岗位的工作范畴、技能要求、薪资待遇等
2	安装 Adobe Photoshop 软件	掌握 Adobe Photoshop 软件的安装流程和方法
3	安装设计师常用字体	掌握字体的安装流程和方法，将阿里巴巴普惠体安装完成
4	创建网店美工设计素材库	了解素材库的重要作用，掌握收集和整理素材的方法，学会素材分类保存

思考与练习

1. 电脑中存储的字体是不是越多越好？为什么？
2. 想一想，哪些素材值得收集在素材库中？

02 第 2 章　商品图片的处理与美化

本章导读

在网店装修过程中，摄影师完成商品图片拍摄后，网店美工需要根据需要对商品图片进行美化，达到吸引顾客注意力的目的。Photoshop 是专门针对图片处理的软件，具有强大的功能。通过本章的学习，学生可以利用 Photoshop 软件对商品图片的尺寸、光影效果等进行编辑，根据需要进行图片抠图、文字处理、图片合成等工作。

学习目标

知识目标

1. 了解商品图片的要求；
2. 了解图片修饰的必要性；
3. 掌握提高图片亮度与对比度的方法；
4. 掌握网店中常用的商品图片尺寸，以及调整、裁剪、校正图片的方法；
5. 掌握处理图片污点、修复瑕疵及虚化背景的方法；
6. 掌握抠取不同类型的图片及合成素材的方法。

能力目标

1. 能够处理图片污点、修复瑕疵图片；
2. 能够对商品图像进行抠图处理；
3. 能够对偏暗、偏亮和偏色的图片进行调色；
4. 能够调整商品图片尺寸。

素养目标

1. 提高对商品图片的后期处理能力；
2. 培养对商品图片后期处理的创新能力。

2.1 Photoshop 软件的基本操作

Photoshop 是 Adobe 公司最出名的图形图像处理软件之一。它提供了灵活便捷的图像制作工具，具有强大的像素编辑能力，被广泛应用于平面设计、网页设计、界面设计等领域，是网店美工必须掌握的设计软件，本节将对 Photoshop 软件进行介绍。

2.1.1 认识 Photoshop 的工作界面

Photoshop 的界面在色彩应用上取代之前的灰色，当前的界面风格类似苹果摄影软件的界面风格，如图 2－1 所示。

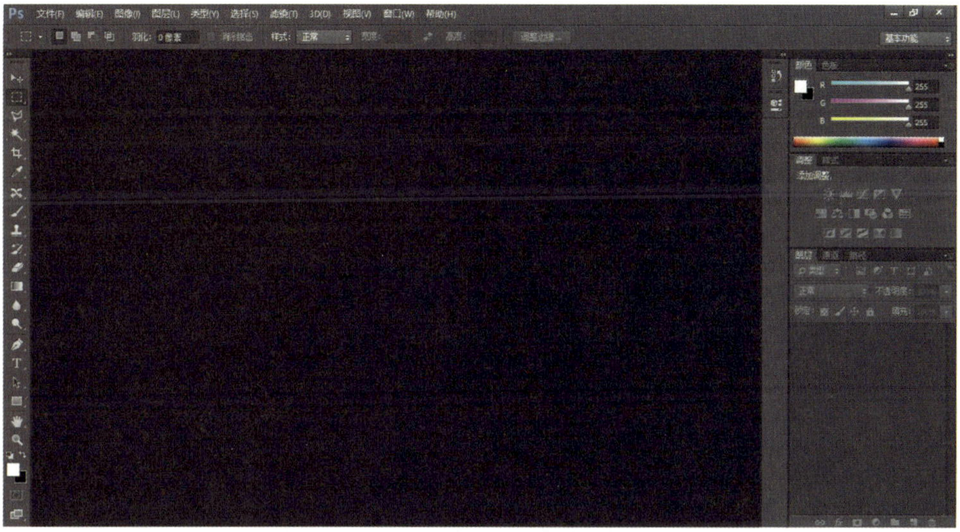

图 2－1

Photoshop 的基础工作界面，包括菜单栏、属性栏、工具箱、工作区、控制面板、状态栏等模块。各模块的功能如下：

（1）菜单栏：菜单栏用于对 Photoshp 所有的操作进行分类，包括“文件”“编辑”“图层”等 11 个菜单。

（2）属性栏：每个工具都具有独特的属性，选择某个工具后，会出现与之相对应的属性栏。属性栏是工具箱中各个工具的功能扩展，可以通过属性栏对工具进行相关的设置。

（3）工具箱：工具箱中集合了在图像处理过程中使用最频繁的工具，可以用于绘制图像、修饰图像、创建选区等操作。

（4）工作区：工作区是指 Photoshop 中编辑和处理图片的操作区，也是 Photoshop 的“工作台”。

（5）控制面板：控制面板是 Photoshop 处理图像时不可或缺的部分，它可以完成对图像的处理操作和相关参数的设置，如蒙版、路径和图层面板等。

（6）状态栏：状态栏位于软件窗口最底部，最左端显示当前图像的显示比例。只有当软件中存在待编辑的图像时，状态栏才出现在界面下方显示图片状态，否则状态栏不出现。

2.1.2 调整 PS 的界面视图

为了更好地处理图像，Photoshop 提供了多种视图显示模式和图像查看工具，下面就每种功能分别进行介绍。

1. 切换商品图像显示模式

在处理图像的过程中，为了方便操作，可以通过切换图像的显示模式来查看图像。选择“视图—屏幕模式”命令，在弹出的菜单中包括标准全屏模式、带有菜单栏的全屏模式、全屏模式三种显示模式，如图 2－2、图 2－3、图 2－4 所示。

2. 调整商品图像显示比例

在处理图像的过程中，通常需要对图像进行放大和缩小操作，此时可以使用工具箱中的缩放工具来调整图像的显示大小，也可以使用快捷键 Ctrl 进行操作。在使用快捷键时，按住 Ctrl 键，同时配合键盘上的“＋”和“－”，Ctrl 加“＋”图像放大显示，Ctrl 加“－”图像缩小显示，如图 2－5、图 2－6 所示。按住 Ctrl 键的同时，配合键盘上的数字键 0，可还原图像原大小。要调整图像的显示状态，也可在状态栏中直接输入显示比例，如输入 200%，则图像以 200% 的比例显示。

图 2－2

图 2－3

图 2－4

图 2－5

图 2－6

3. 移动商品图像显示画面

在使用工具处理图像的过程中，若图像显示比例过大，没有显示全部的图像画面时，可以使用抓手工具对图像画面进行移动，查看图像的不同区域。抓手工具的快捷键是空格键，按住空格键时，可临时切换为抓手工具，此时配合鼠标移动至需要停留的图像部分，如图 2－7 所示。

图 2－7

2.1.3 应用 PS 的辅助工具

为了使图像的制作更加精细，可以使用 Photoshop 中的辅助工具来帮助设计制作。辅助工具主要包括标尺、参考线和网格。

1. 显示商品图像标尺

使用标尺可以在处理图像时精确定位鼠标指针的位置，选择“视图—标尺”命令或按 Ctrl+R 组合键，可以显示或隐藏标尺，图 2－8 所示为显示出的标尺。Photoshop 软件提供多种标尺单位，可在“编辑—首选项—单位与标尺”命令中进行更改，如图 2－9 所示。

图 2－8

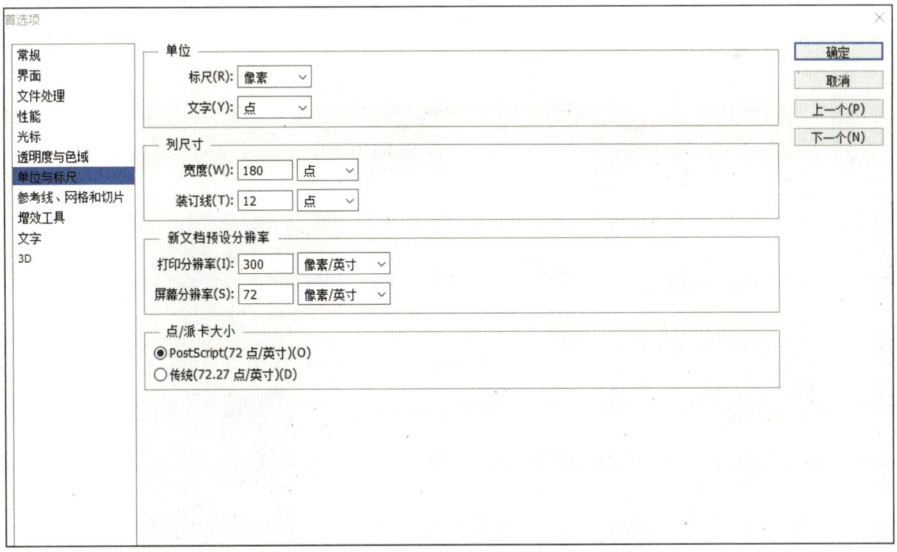

图 2－9

2. 编辑商品图像参考线

参考线是浮在图像上不可输出显示的虚拟线，主要用于对图像进行精确定位和对齐，可根据设计需要新建添加、移动、删除和锁定参考线。选择“视图—锁定参考线、清除参考线、新建参考线”命令，可以对参考线进行相应操作，图 2－10 所示为显示出的参考线。

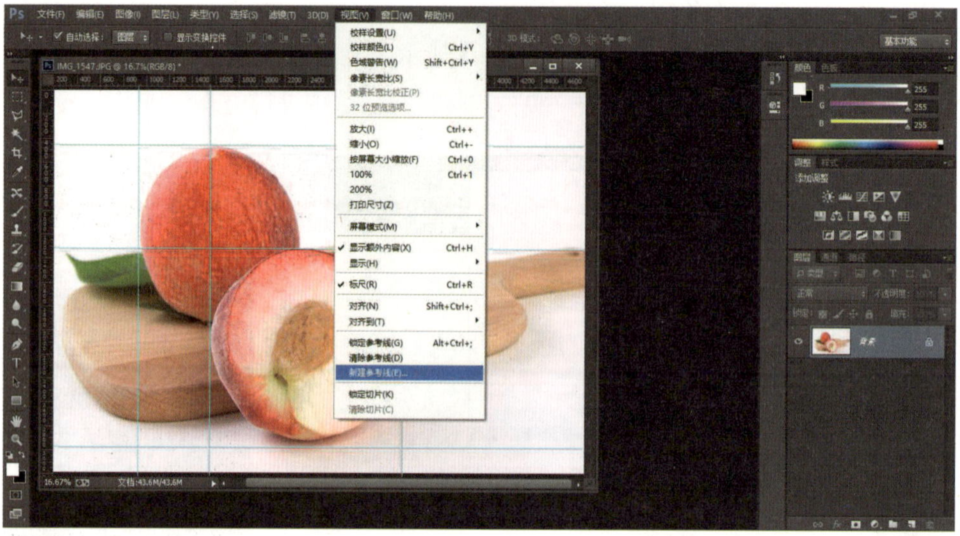

图 2－10

3. 设置网格

设置网格可以帮助美工在绘制形状等操作时准确定位，选择“视图—显示—网格”命令，可以显示或隐藏网格，如图 2－11 所示。选择“编辑—首选项—参考线、网格和切片”命令，打开“首选项”对话框，在此对话框中可对参考线和网格的相关参数进行设置，如图 2－12 所示。

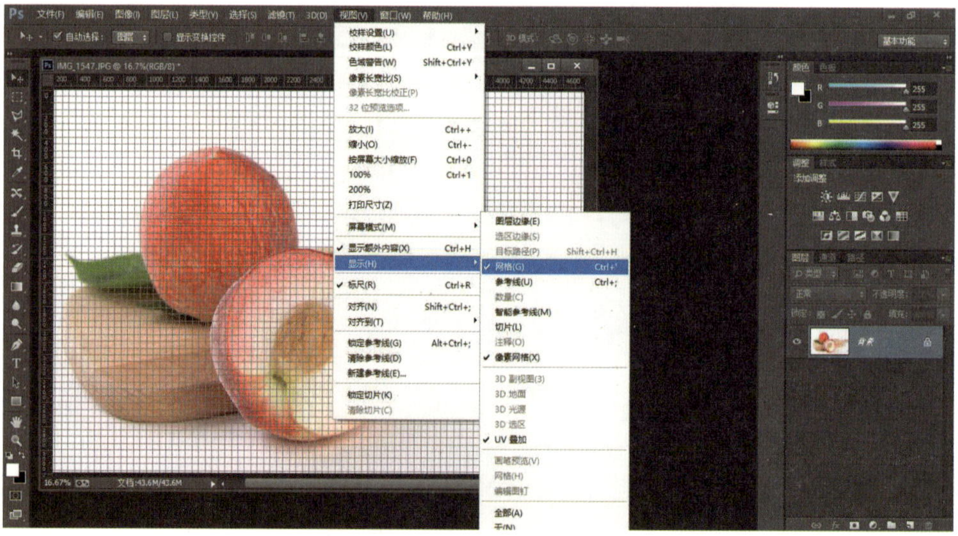

图 2－11

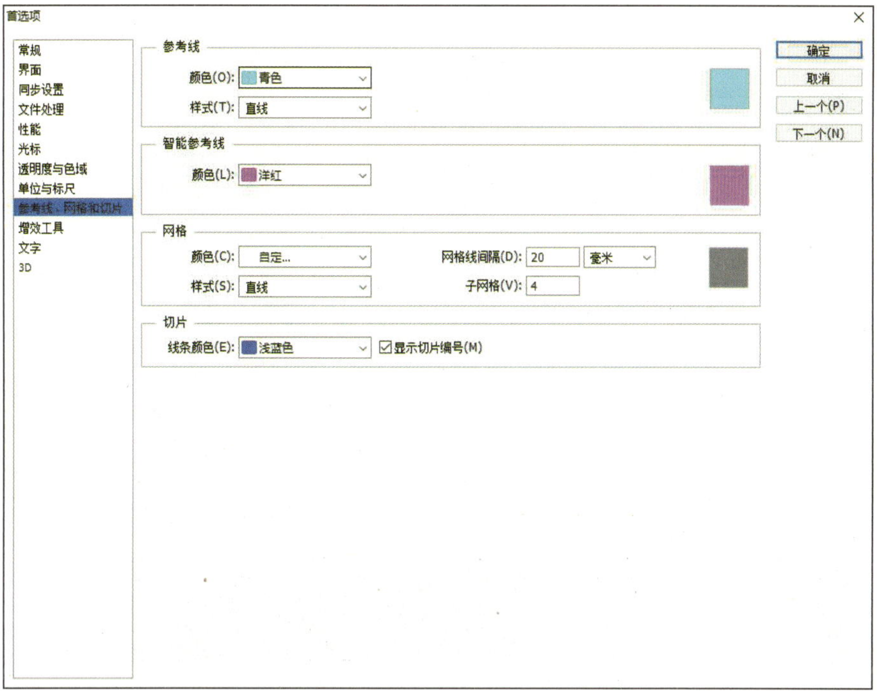

图 2－12

2.1.4 图像文件的基本操作

启动 Photoshop 软件后，新建、打开、保存和关闭图像文件都是最基本的操作，掌握这些基本操作是设计和制作图像文件的必要技能。

1. 新建空白图像文件

启动软件后，选择“文件—新建”命令，或者使用 Ctrl+N 组合键，可以创建一个图像文件。在“新建”对话框可以设置图像名称、图像尺寸、分辨率、颜色等，设置完成后单击“确定”按钮即可创建图像，如图 2－13 所示。

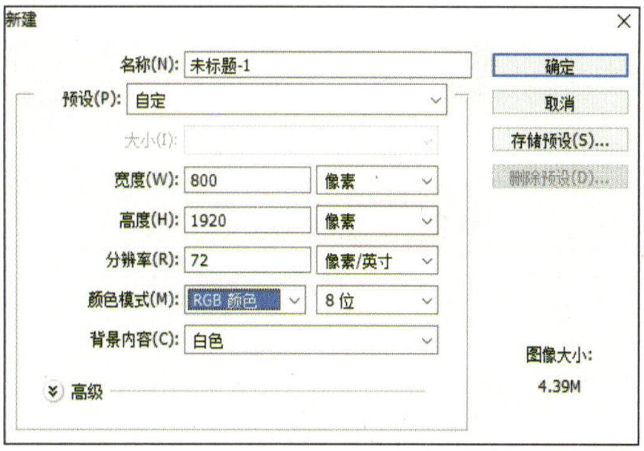

图 2－13

2. 打开商品图像文件

在编辑图像前，需要先打开图像文件，选择“文件—打开”命令，或使用 Ctrl+O 组合键，在“打开”对话框选择需要打开的文件，单击“打开”按钮即可打开指定的图像文件，如图 2－14 所示。

3. 保存商品图像文件

编辑完图像后，需要对其进行保存，以便下次打开继续操作，选择“文件—存储”命令，或使用 Ctrl+S 组合键，可以存储文件，如图 2－15 所示。

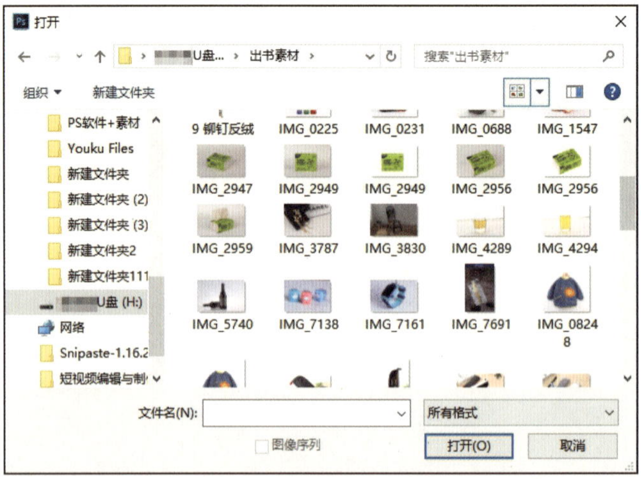

图 2－14

图 2－15

4. 关闭图像文件

将图像文件储存后，可以将其关闭。点击图像窗口标题栏上的“关闭”按钮，或选择“文件—关闭”命令，都可以关闭当前的图像文件。

2.2 商品图片颜色的调整

商品图片在拍摄过程中因设备、光线、技术等外在原因的影响，会出现图片颜色与商品实际的颜色有所偏差，这就需要对图片进行后期的校正处理，使图片中的商品效果能接近真实效果。

2.2.1 调整存在曝光问题的图片

在拍摄过程中，由于某些技术问题，可能会导致拍摄的商品图片色彩暗淡、亮度不够、层次不明显等，Photoshop 软件可以通过调整图片的亮度和增强暗调的方法让图像曝光正常。常用的方法是通过调节“色阶”“曲线”“亮度 / 对比度”等命令来实现，具体操作方法如下。

1. 使用“色阶”调整

“色阶”是通过调整图片中的像素来分别调整画面的曝光和层次，即从暗到亮像素的分布状况。在“色阶”对话框里，可以直观地看到图像的直方图。直方图下方有黑色、灰色、白色的三角形滑块，拖动这些滑块可以调节色阶，一般把黑色、白色滑块放在有色彩信息的两头即可，而拖动灰色滑块可以改变亮暗关系。

步骤 1 启动 Photoshop 软件，打开需要调整的素材文件，如图 2－16 所示。

图 2－16

步骤 2 在菜单栏中选择“图像”，打开“色阶”命令，或通过 Ctrl+L 组合键打开色阶，在“色阶”面板中可以观察直方图。通常情况下，如果色阶的像素集中在左侧，说明此图像的暗部所占的区域比较多，也就是图像整体偏暗，如图 2－17 所示。如果色阶的像素集中在右侧，则说明此图像的亮部所占的区域比较多，也就是图像整体偏亮。

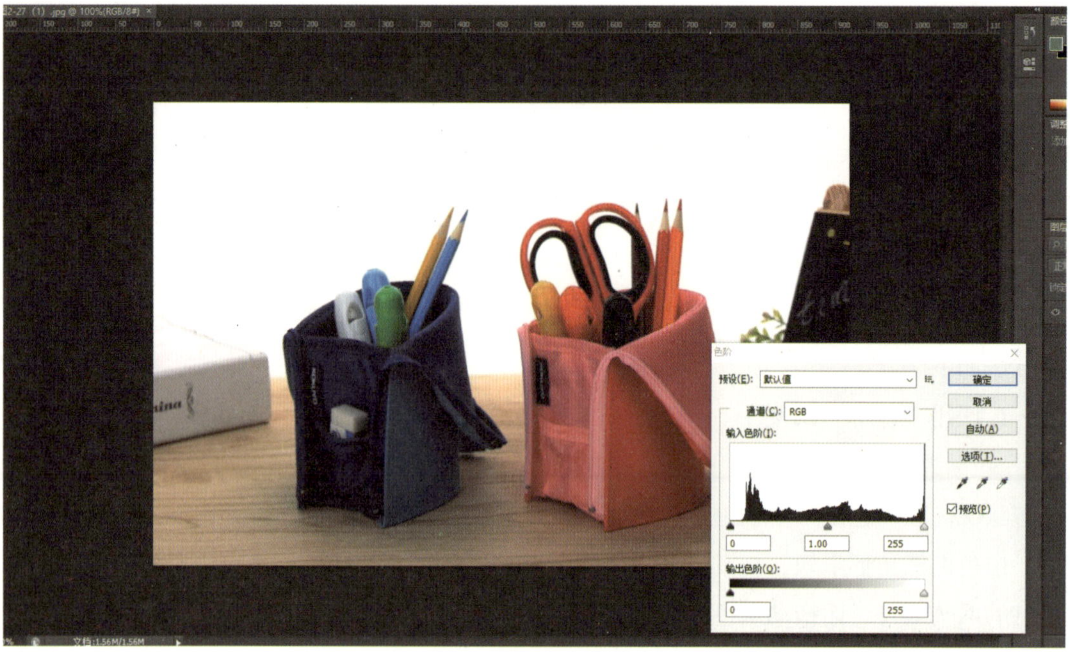

图 2－17

步骤 3 拖动黑色、灰色、白色滑块，可分别调整图像亮、灰、暗颜色。素材中的图像，由于较多像素集中在左侧，所以图像整体偏暗。向左拖动白色滑块，使图像变亮，如图 2－18 所示。

图 2－18

步骤 4 调整前后效果对比，如图 2－19 所示。

图 2－19

2. 使用“曲线”调整

“曲线”也是调整图片明暗的一种常用工具，和“色阶”一样都是通过直方图调整图像。“曲线”除了能调整图像亮度外，还可以调整图像的颜色。曲线的调节方法是上弦变亮，下弦变暗，通过打点的方式可以在曲线上选择一段进行单独调节。具体操作步骤如下：

步骤 1 启动 Photoshop 软件，打开需要调整的素材文件，观察图片的明暗度和图片与实物的色差，如图 2－20 所示。

图 2－20

步骤 2 在菜单栏中选择“图像”，打开“曲线”命令，或者通过 Ctrl+M 组合键打开曲线命令，在“曲线”面板中可以观察直方图，如图 2 - 21 所示。

图 2 - 21

步骤 3 调整曲线，将曲线调整至上凸的形态，使图像变亮，将曲线调整至下凹的形态，使图像变暗，如图 2 - 22、图 2 - 23 所示。

图 2 - 22

图 2－23

3. 使用“亮度 / 对比度”调整

“亮度 / 对比度”命令可以对图片的明暗程度进行调整，在图片调整中很常用。该命令容易导致图像中的细节损失，使用过程中要防止过度调整图片。拖动“亮度 / 对比度”中的三角图标，调整亮度、对比度，随时查看预览效果，得到满意效果即可单击“确定”按钮。具体操作方法如下：

步骤 1 启动 Photoshop 软件，打开需要调整的素材文件，如图 2－24 所示。

图 2－24

步骤 2 在菜单栏中选择“图像”，打开“亮度 / 对比度”对话框，如图 2－25 所示。

图 2－25

步骤 3 在“亮度 / 对比度”中调整图像的亮度和对比度。拖动亮度的滑块，或在文本框中输入数字（范围为 -100 至 100），即可调整图像的明暗。当数值为正时，将增加图像的亮度；当数值为负时，将降低图像的亮度。拖动对比度的滑块，当数值为正时，将增加图像的对比度；当数值为负时，将降低图像的对比度。调整完效果如图 2－26 所示。

图 2－26

步骤 4 调整前后效果对比，如图 2－27 所示。

图 2－27

2.2.2 调整有色差的图片

商品拍摄完成后，常常会发现照片里的商品颜色与实际商品颜色有一定的色彩差异，下面介绍如何调整有色差的图片。

1. 使用“自动颜色”调整

使用“自动颜色”命令可以自动调整、校正偏色的商品图片，具体操作方法如下：

步骤 1 启动 Photoshop 软件，打开需要调整的素材文件，如图 2-28 所示。

图 2-28

步骤 2 在菜单栏中选择“图像”，点击“自动颜色”命令，此时会自动校正到正常颜色，如图 2-29 所示。

图 2-29

步骤 3 调整前后效果对比，如图 2－30 所示。

图 2－30

2. 使用“可选颜色”调整

使用“可选颜色”可以对偏色的商品图片进行修复，具体操作方法如下：

步骤 1 启动 Photoshop 软件，打开需要调整的素材文件，如图 2－31 所示。

图 2－31

步骤 2 在菜单栏中选择“图像”，打开“可选颜色”对话框，如图 2－32 所示。

步骤 3 在“颜色”下拉列表框中选择颜色选项，设置相应的参数，或通过四个颜色滑块精细调节色彩，向右（正值）拖动会使选中的颜色朝此颜色滑块的色彩偏移，向左（负值）拖动会使选中的颜色朝此颜色滑块的反转色偏移，如图 2－33 所示。

图 2-32

图 2-33

步骤 4 单击“确定”按钮完成设置，调整前后效果对比如图 2-34 所示。

图 2-34

2.3 商品图片的抠取

抠图是指将需要的对象从图像背景中分离出来，可以更方便地对商品图片进行进一步处理，这是网店美工的一个重要技能。对于不同类型的商品图片，需要采取不同的抠图方法，本节将对规则图形抠取、简单背景抠取、复杂图形抠取等方法进行介绍。

2.3.1 抠取规则图形的商品图片

对于一些形状比较规则的图片，可以使用套索工具组进行抠图。该工具适用于为图像边缘与背景颜色反差较大的规则图片建立选区，具体操作方法如下：

步骤 1 启动 Photoshop 软件，打开素材文件，如图 2－35 所示。

图 2－35

步骤 2 选择工具箱中的多边形套索工具，沿着图片中商品边缘依次点击鼠标确定锚点。回到最初的锚点，点击即可闭合路径并自动载入选区，如图 2－36 所示。

步骤 3 按 Ctrl+J 组合键将选区中的图像复制到新的图层，单击图层前面的眼睛图标隐藏背景图层，避免干扰新图层效果的显示，如图 2－37 所示。

步骤 4 图像从背景中分离出来后的效果对比，如图 2－38 所示。

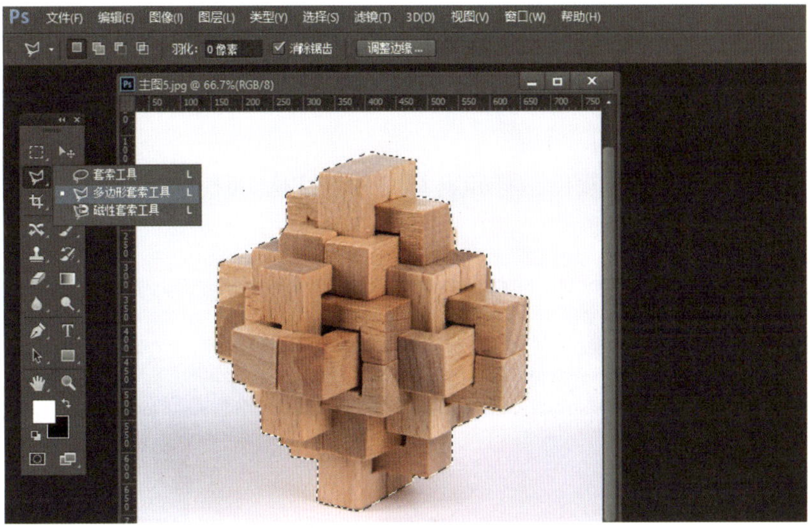

图 2－36

图 2－37

图 2－38

2.3.2 抠取背景简单的商品图片

对于一些背景颜色比较单一的图片，如单一色或者相似色的背景，可以使用魔棒工具来快速抠图，具体操作方法如下：

步骤1 启动 Photoshop 软件，打开素材文件，按住 Ctrl+J 组合键复制背景图层，如图 2－39 所示。

图 2－39

步骤2 选择工具箱中的魔术棒工具，在工具属性栏中设置容差值为 10，然后在图片背景上单击鼠标左键，一键选中图像中连续的背景色，如图 2－40 所示。

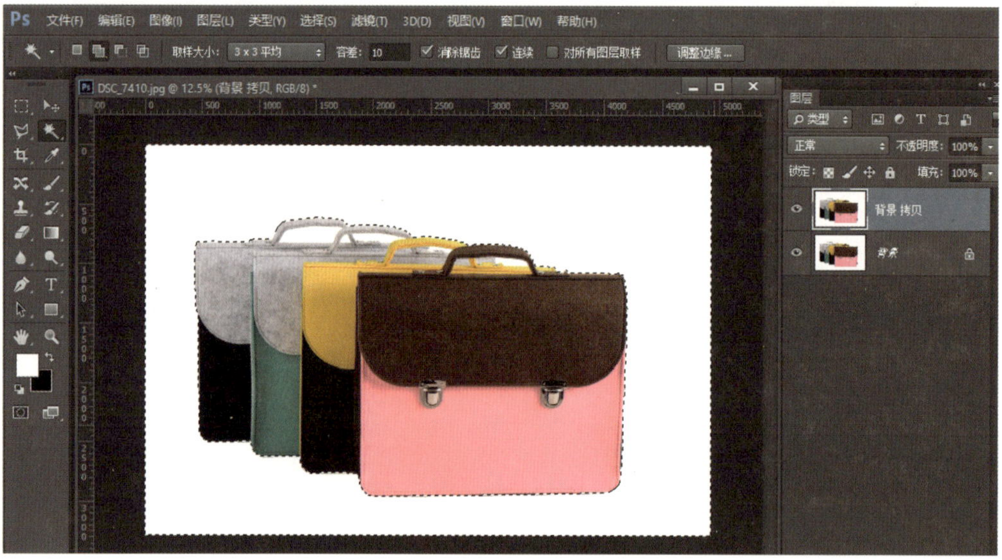

图 2－40

步骤 3 单击工具属性栏中的“添加到选区”，继续在需要建立选区的区域单击，将所有白色的背景都载入选区，如图 2－41 所示。

图 2－41

步骤 4 按 Shift+Ctrl+I 组合键，或在菜单栏中调用“选择—反向”命令，反选选区，获得商品图像的选区，如图 2－42 所示。

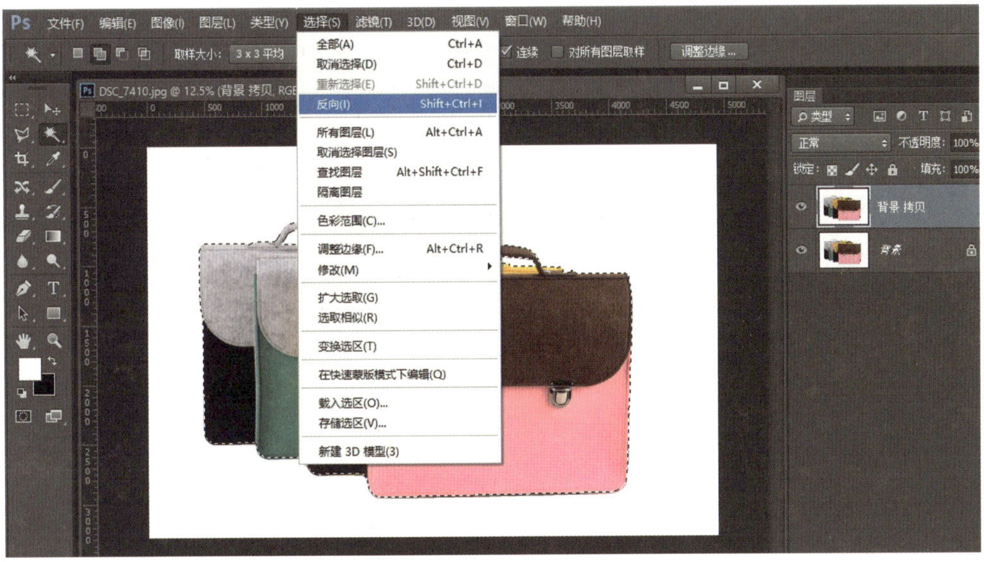

图 2－42

步骤 5 图像从背景中分离出来后的效果对比，如图 2－43 所示。

图 2－43

2.3.3 抠取图形复杂的商品图片

对于商品主体形状比较复杂的图片，或主体颜色与背景颜色不分明的图片，可以使用钢笔工具来抠取，具体操作方法如下：

步骤 1 启动 Photoshop 软件，打开素材文件，按住 Ctrl+J 组合键复制背景图层，如图 2－44 所示。

图 2－44

步骤 2 选择工具箱中的钢笔工具，放大图片，沿着商品主体边缘依次单击并拖拽鼠标，创建路径，如图 2－45 所示。

步骤 3 回到路径起点后，单击起点，封闭路径，如图 2－46 所示。

步骤 4 按 Ctrl+Enter 组合键将路径载入选区，并按住 Shift+Ctrl+I 组合键或调用“选择—反向”命令反选选区，如图 2－47 所示。

图 2－45

图 2－46

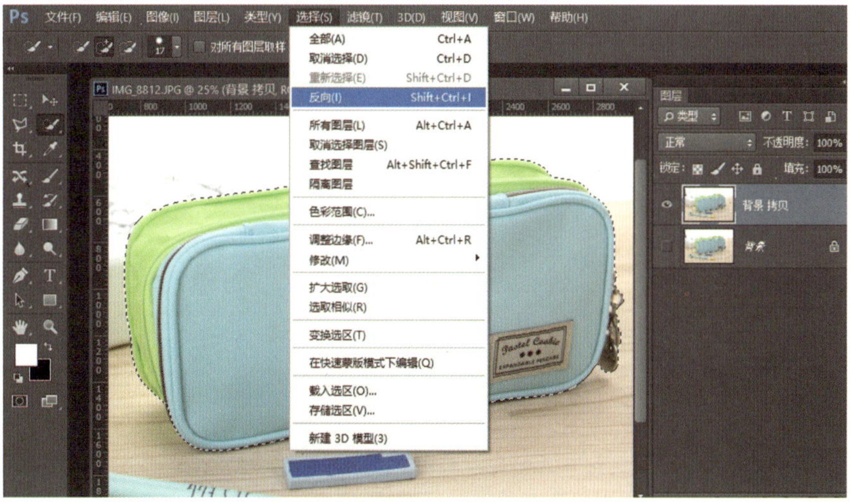

图 2－47

步骤 5 按 Delete 键删除选区中的图像，即背景图像，效果如图 2－48 所示。

图 2－48

步骤 6 图像从背景中分离出来后的效果对比，如图 2－49 所示。

图 2－49

2.3.4 抠取透明与半透明商品图片

电子商务领域经常遇到的透明及半透明商品主要包括冰块、玻璃杯和婚纱等，不同的商品因表面材质不同，透光、反光情况不同，适用的抠图方法也不同，下面分别进行介绍。

1. 抠取冰块

步骤 1 按 Ctrl+O 组合键打开素材，按 Ctrl+J 组合键复制原图，隐藏背景层，效果如图 2－50 所示。

图 2－50

步骤 2　按 Ctrl+A 组合键进行全选，按 Ctrl+C 组合键进行复制，单击图层面板的“添加矢量蒙版”，添加图层蒙版，如图 2－51 所示。

图 2－51

步骤 3　按 Alt 键并单击图层蒙版，进入蒙版，再按 Ctrl+V 组合键进行粘贴，如图 2－52 所示。

图 2－52

步骤 4 按 Ctrl+I 组合键进行反向操作，效果如图 2－53 所示。

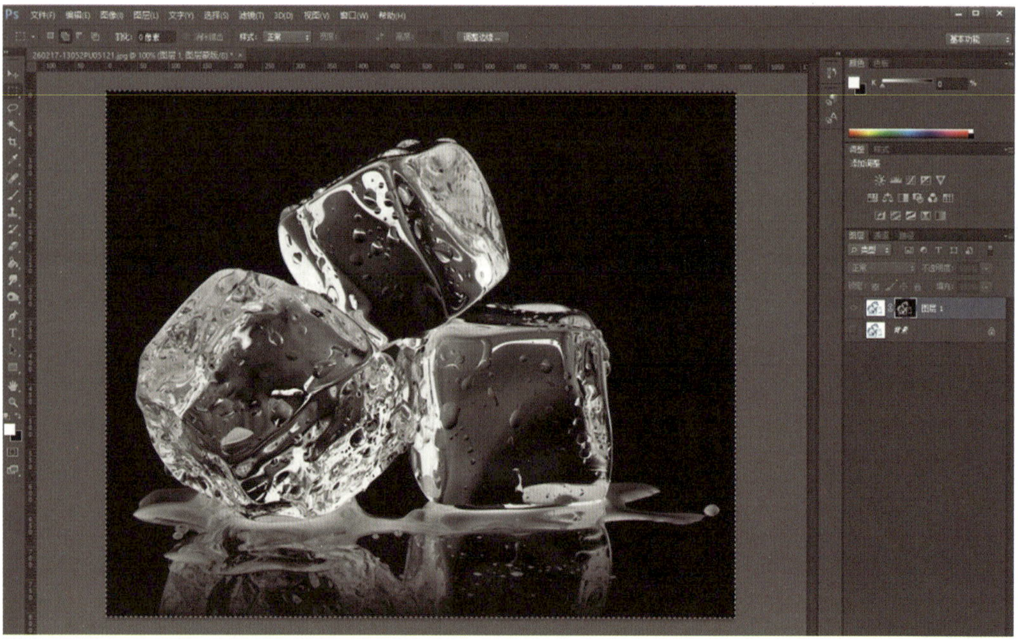

图 2－53

步骤 5 单击图层缩略图，如图 2－54 所示。设置背景色为白色，按 Ctrl+Del 组合键，填充背景为白色，即完成抠图，效果如图 2－55 所示。

图 2－54

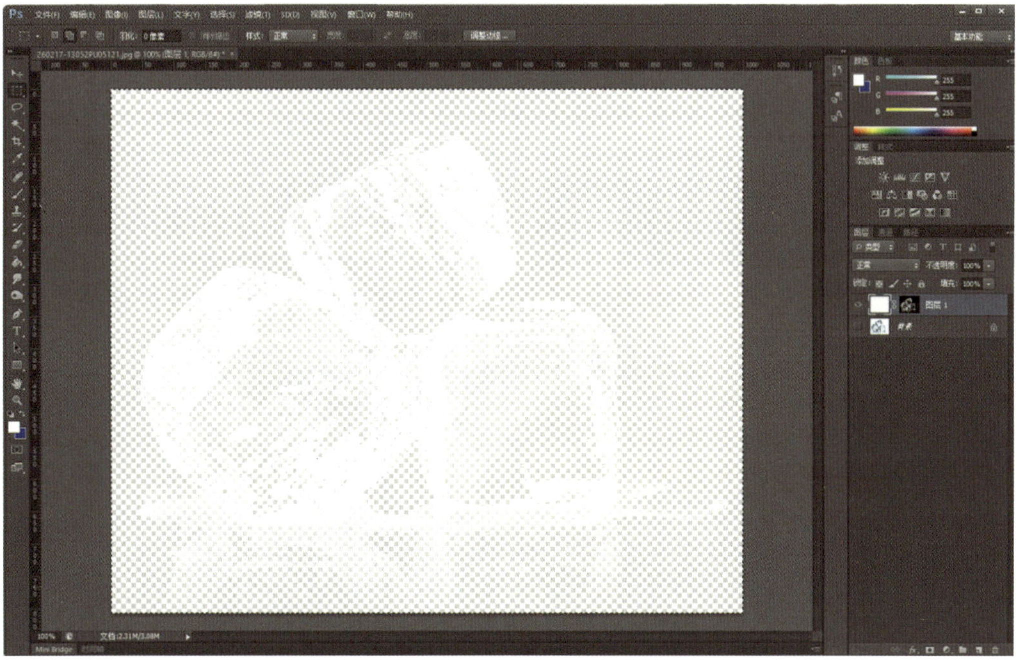

图 2－55

步骤 6 新建图层，并调整至“图层 1”下方，填充想要的背景色（此处以红色为例），按 Ctrl+D 组合键取消选区，效果如图 2－56 所示。

图 2－56

2. 抠取玻璃杯

步骤 1　按 Ctrl+O 组合键打开素材，选择钢笔工具，利用钢笔工具沿着杯子边缘绘制路径，按 Ctrl+Enter 组合键，将路径转化为选区，按 Ctrl+J 组合键，复制选区。隐藏背景图层，效果如图 2－57 所示。

图 2－57

步骤 2　按 Ctrl+A 组合键进行全选，按 Ctrl+C 组合键进行复制，单击图层面板的“添加矢量蒙版”，添加图层蒙版，按 Alt 键并单击图层蒙版，再按 Ctrl+V 组合键进行粘贴，效果如图 2-58 所示。

图 2-58

步骤 3 按 Ctrl+D 组合键取消选区，新建图层，填充任意颜色（此处以绿色为例）并将其移动至果汁图层下方，效果如图 2-59 所示。

图 2-59

步骤 4 选择画笔工具并设置画笔硬度为 0，将前景色设置为白色，单击蒙版，用画笔工具涂抹黄色的果汁部分，效果如图 2-60 所示。

图 2－60

3. 抠取头纱

步骤 1　按 Ctrl+O 组合键打开素材，单击拾色器的前景色，吸取头纱的颜色。单击拾色器的背景色，吸取头纱素材中背景的颜色（此处以黑色为例），效果如图 2－61 所示。

图 2－61

步骤 2 选择背景橡皮擦工具，在工具属性栏中设置“限制”的值为“不连续”，用背景橡皮擦工具涂抹头纱，效果如图 2－62 所示。

步骤 3 新建图层，填充任意颜色（此处以蓝色为例），调整图层顺序至最下方，验证抠图效果，效果如图 2－63 所示。

图 2－62

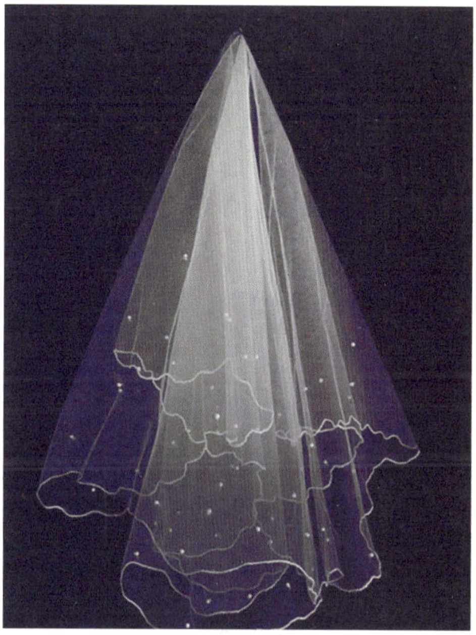

图 2－63

2.3.5 抠取毛发

网店美工在抠取毛发或绒毛类商品时，采用一般的抠图方法很难达到理想的效果，且非常浪费时间，此时可使用 Photoshop 软件中的调整边缘功能进行抠取，具体操作如下：

步骤 1 按 Ctrl+O 组合键打开“小猫”素材，按 Ctrl+J 组合键复制背景图层，并隐藏背景图层。图片的背景颜色为纯色，因此选择魔棒工具进行抠图，调整容差值为 20，单击白色背景，按 Ctrl+Shift+I 组合键进行反选，此时选中小猫主体部分，效果如图 2－64 所示。

步骤 2 执行“选择—修改—调整边缘”命令，勾选“智能半径”选项，调整半径值为 7.5，设置“平滑”“羽化”“对比度”“移动边缘”的值分别为“19”“2.4”“0”“0”，勾选“净化颜色”选项，设置数量值为“61%”，如图 2－65 所示。

步骤 3 单击“确定”按钮完成抠图。按 Ctrl+O 组合键打开“宠物背景”素材，选择移动工具，将小猫移动至“宠物背景”中，效果如图 2－66 所示。

图 2－64

图 2－65

图 2－66

2.4 商品图片的美化与修饰

在拍摄商品图片的过程中，由于环境的影响，除了颜色和亮度可能会出现误差外，图片也会出现一些细小的瑕疵，比如污点、杂色、斑点等，这些情况可以通过 Photoshop 的修复类工具进行修复和美化。

2.4.1 使用污点修复画笔工具去除污点

污点修复画笔工具是 Photoshop 中处理图片常用的工具之一，利用该工具可以快速移去图片中的污点和瑕疵部分。

步骤 1 打开素材文件，观察图片中的污点和瑕疵，需要将其去除，如图 2－67 所示。

图 2－67

步骤 2 选择工具箱中的污点修复画笔工具，按键盘上的“［”键和“］”键调整画笔大小，在需要修复污点的位置单击，如图 2－68 所示。

图 2－68

步骤 3 释放鼠标即可以去除污点，使用相同操作方法去除其余位置上的污点即可。去除污点后的效果如图 2－69 所示。

图 2－69

2.4.2 使用仿制图章工具修复图片

仿制图章工具可以从图片中复制信息，将其应用到其他区域或者其他图片中，是图片修复中最常用的工具之一。

步骤 1 打开素材文件，观察图片中的污渍点，需要将其去掉，如图 2－70 所示。

图 2－70

步骤 2 选择工具箱中的仿制图章工具，如图 2－71 所示。按键盘上的“[”键和“]”键调整画笔大小，在文字周围的图像上按 Alt 键单击取样。

图 2－71

步骤 3 然后在文字上单击涂抹，可将取样点处的图像复制到该处，如图 2－72 所示。

图 2－72

步骤 4 依次在文字周围取样，然后修复文字区域即可，修复后的效果如图 2－73 所示。

图 2－73

2.4.3 使用修补工具修复图片

修补工具是使用图片中某些特定的区域来替换需要修补的区域，它会将源区域和目标区域的纹理、明暗等相匹配。修补工具是使用较频繁的修复工具之一。

步骤 1 打开素材文件，需要将水杯上的文字图标抹掉，如图 2－74 所示。

图 2－74

步骤 2 选择工具箱中的修补工具，沿水杯杯身的文字绘制一个选区，如图 2－75 所示。

图 2－75

步骤 3 按住鼠标左键不放，把选区拖动到瓶身上没有文字的区域。注意移动选区时，需在垂直方向移动，修补后，使整个瓶身的光影效果保持一致，如图 2－76 所示。

图 2－76

步骤 4 此时按住 Ctrl+D 组合键取消选区，即可完成修补，效果如图 2－77 所示。

图 2－77

2.4.4 调整模糊的图片

商品图片在反复缩小或者放大以后，其画质会受到影响。若图片细节变得模糊，可通过锐化工具进行调整，将图片变清晰。

步骤 1 打开素材文件，选择“图像—模式—Lab 颜色”命令，将色彩模式更改为 Lab 颜色模式，如图 2－78 所示。

步骤 2 复制背景图层，选择“滤镜—锐化—USM 锐化”命令，打开“USM 锐化”对话框，设置“数量”及“半径”，单击“确定”按钮，效果如图 2－79 所示。

步骤 3 选择复制后的图层，将其混合模式更改为“柔光”，不透明度设为“55%”，完成后效果如图 2－80 所示。

图 2－78

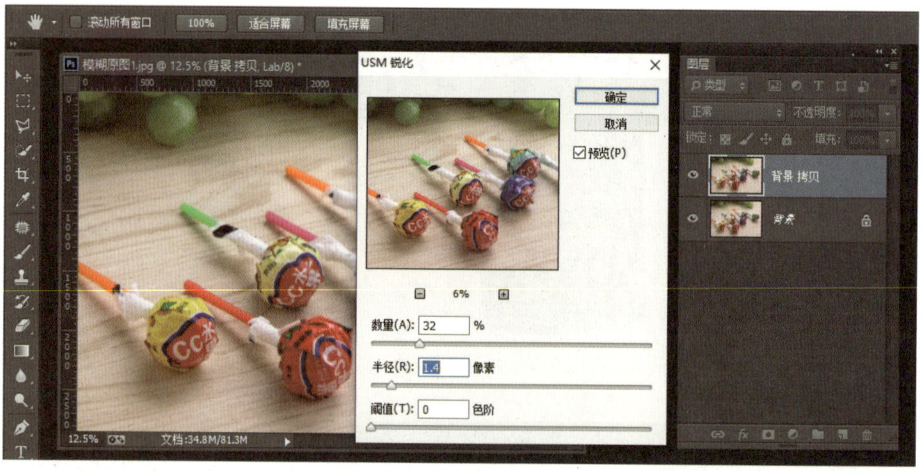

图 2－79

图 2－80

2.5 商品图片尺寸的调整

无论是商品拍摄原图，还是网络素材图，为了让其符合电商平台的规定尺寸，需要将图片调整到合适大小。下面介绍如何裁剪图片。

2.5.1 商品拍摄原图的裁剪

商品图片拍摄完成后，周边可能会出现空白区域。为了突出商品主体，可以在原图的基础上裁剪出合适的图像区域，具体操作如下：

步骤 1 选择工具箱中的裁剪工具，保持默认设置，然后在商品图片上单击拖拽鼠标，创建一个裁剪区域，如图 2－81 所示。

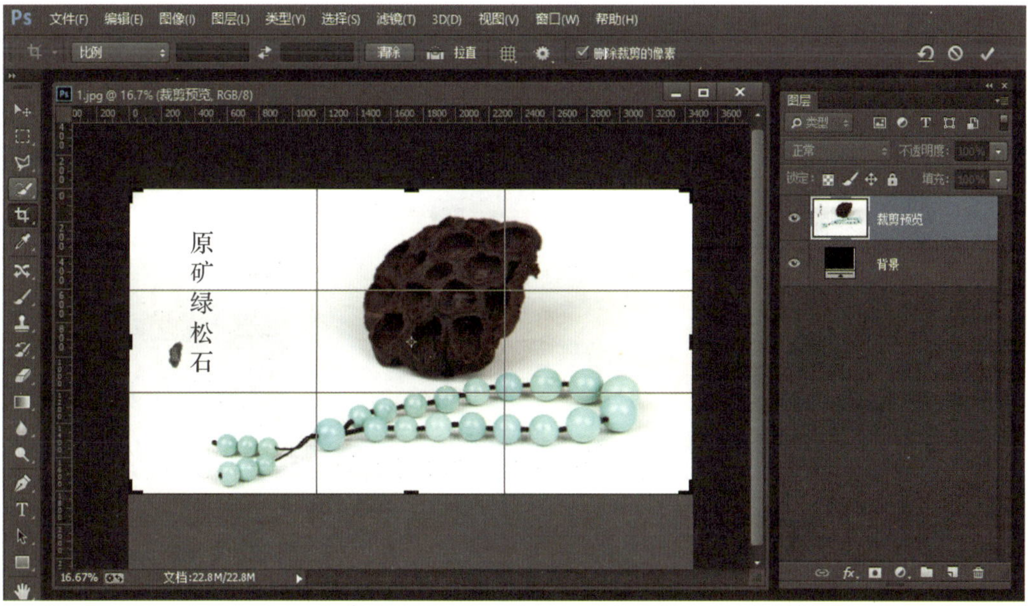

图 2－81

步骤 2 如果商品图片在拍摄过程中存在倾斜的情况，可将鼠标移至裁剪框外，用拖动的方式调整图片至水平状态。若裁剪的区域不合适，可拖拽裁剪框四周的线框，调整裁剪框的大小，如图 2－82 所示。

步骤 3 按 Enter 键确认裁剪操作，得到最终效果，如图 2－83 所示。

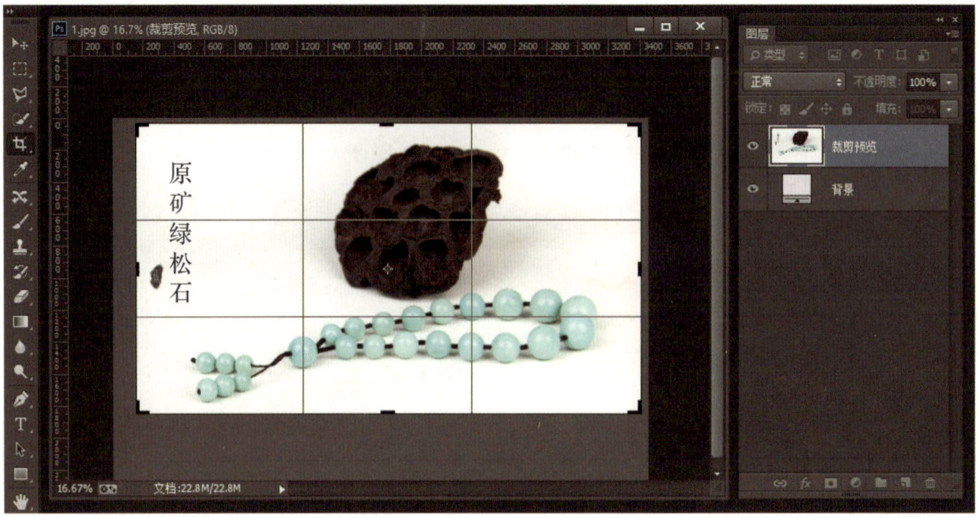

图 2 - 82

图 2 - 83

2.5.2 调整商品图片的尺寸

在电商平台上传商品图片，通常平台都会对图片的尺寸有所要求，因此需要对商品图片的大小进行修改，具体操作如下：

步骤 1 执行图像中的画布大小菜单命令，在“画布大小”对话框中调整画布大小，以此改变图像编辑区大小，如图 2 - 84 所示。

步骤 2 执行图像中的图像大小菜单命令，此命令控制着图像的宽度、高度和分辨率，如图 2 - 85 所示。

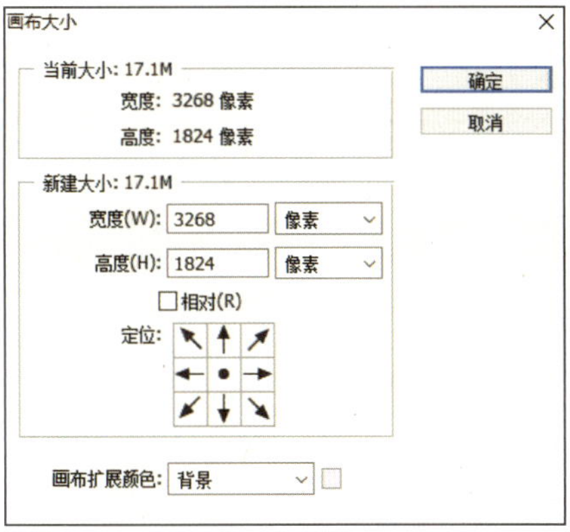

图 2－84

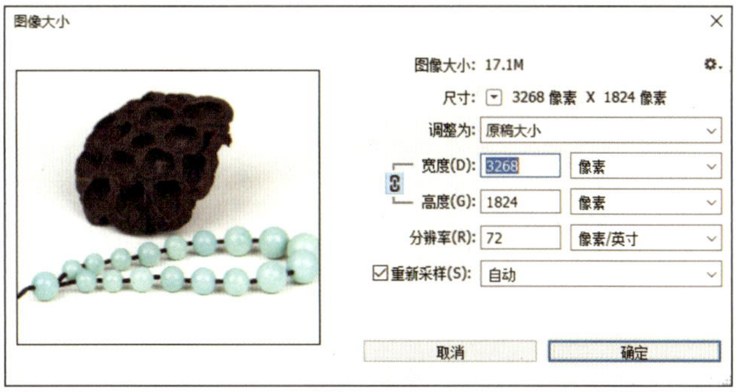

图 2－85

2.5.3 切图

网店美工在进行详情页、店铺首页设计时，往往需要一气呵成，而非单独设计各个模块后再拼接，这样有利于整体风格的把控，但是完整的作品往往由于图片过长、过大，影响消费者访问店铺时的加载速度，也不利于后期对局部单个模块的修改。因此，制作完成的整体图片，需要利用切图的方法，将整体图片切成若干个小图再上传至店铺。切图一般使用 Photoshop 的切片工具完成，具体操作方法如下：

步骤 1 按 Ctrl+O 组合键打开需要切图的素材，选择切片工具，在需要切片的图片上拖动鼠标，即可随心所欲地将图片切成多个部分，如图 2－86 所示。

图 2－86

步骤 2 将整体图片划分为多个部分后，执行“文件—存储为 Web 所用格式”命令，设置图片格式、品质和存储位置等，如图 2－87 所示。

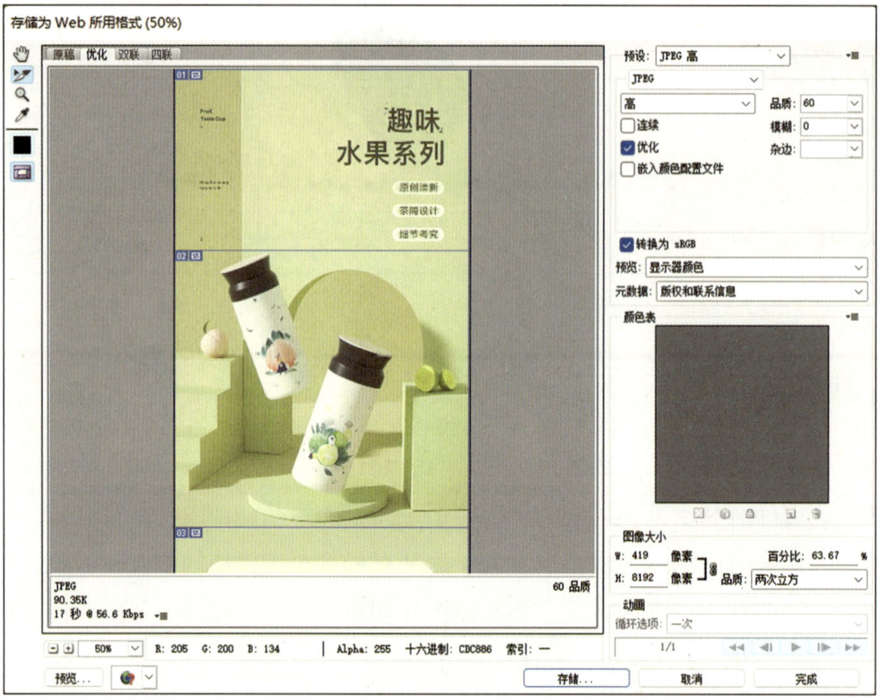

图 2－87

步骤 3 点击“存储”按钮，图片就会按顺序保存在所选的存储地址，如图 2－88 所示。

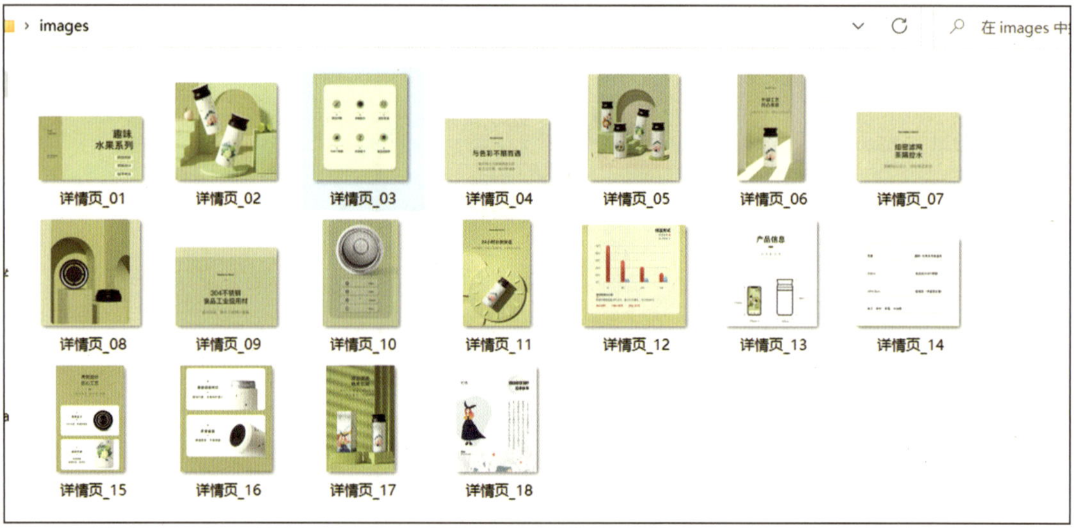

图 2－88

使用切片工具绘制切片区域时，需要注意切片的宽度与图片宽度一致，且切片与切片之间的衔接应在同一线条上，否则存储图片时，图片将会出现切割不整齐或图片区域重复的现象。

本章小结

要成为一名合格的网店美工，首先要有扎实的 Photoshop 软件应用基础。Photoshop 具有强大的图片处理功能，本章介绍了 Photoshop 软件在网店美工岗位中的常用功能和技巧，主要包括图像文件的基本操作，商品图片颜色调整与校正，商品图片的抠取、美化与修饰，商品图片的裁切、倾斜校正、切图等。

实训活动

实训目的：掌握电商领域常用的 Photoshop 软件操作。

实训内容：图片抠取与美化。

实训要求：

1. 对图 2－89 进行抠图处理，并更换为 800×800 像素的白色背景。调整图片的亮度、对比度，使图片更清晰。

2. 修复老师给出的瑕疵图片，能够在看到瑕疵图的第一时间说出修复方案，并熟练应用修复工具。

图 2－89

思考与练习

1. 抠图是网店美工的常规工作，请总结各种抠图工具适用的情况。

2. 请总结各种瑕疵图片的处理方法。

03 第 3 章　电商视觉设计的基本要素

本章导读

设计师要具备基本的设计理念，了解视觉设计的基本要素。构成视觉设计的要素大体上包括文字、色彩、版式，只有合理运用这些元素，才能保证视觉设计的效果。通过本章的学习，学生可以了解视觉设计的基本要素，掌握色彩、文字和版式的合理使用方法。

学习目标

知识目标

1. 了解视觉设计必备知识；
2. 掌握色彩的基本原理及应用技巧；
3. 了解设计作品中的文字应用；
4. 了解视觉构图的常用方法。

能力目标

1. 能够根据网店定位和产品风格，对网店页面进行合理的色彩搭配；
2. 能够根据设计风格熟练选择合适字体；
3. 能够对页面进行布局，增强页面的可读性和美感。

素养目标

1. 提高在视觉设计方面的专业水平；
2. 培养审美能力和感知能力。

3.1 设计中的色彩

色彩在视觉设计中非常重要，成功的色彩设计不仅要做到协调、和谐，而且还应该有层次感和节奏感，并在各种画面中给顾客制造惊喜。一个没有经过色彩设计的店铺往往是杂乱无章、平淡无奇的，容易使顾客在浏览时产生视觉疲劳，所以设计过程中更加需要用色彩来唤起顾客的购买欲望。

3.1.1 色彩的基本原理

物体本身其实是没有色彩的，只是包含了各种色彩的光线，照射到物体的表面。例如一个绿色的苹果表面，它吸收了光线中的大部分色彩光，唯独不能吸收绿色光。绿色光反射到我们的眼睛，然后再将信息传递给大脑进而判断：这个苹果是绿色的。要理解色彩原理，需从色相、明度和饱和度三个维度着手，任何一种色彩都是由这三个要素组合而成的。在 Photoshop 中可以通过“色相 / 饱和度”命令来调整图像的三要素，如图 3－1 所示。

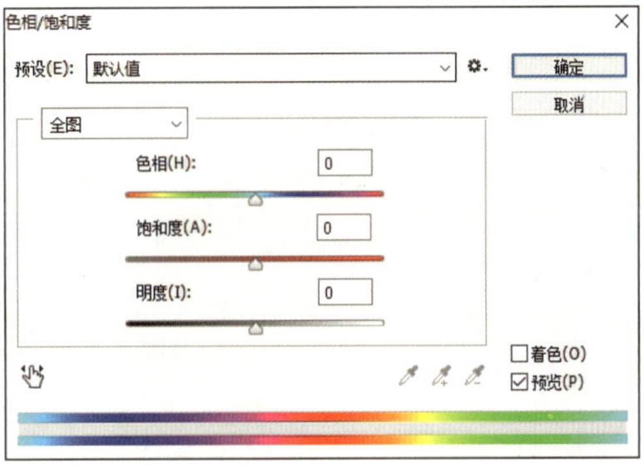

图 3－1

1. 色相

色相，即色彩的相貌称谓，能够比较准确地表示某种色彩的名称，如红、橙、黄、绿等。在色彩中最基本的颜色是红色、黄色和蓝色，也是美术学中的三原色。三原色两两混合得到橙色、绿色、紫色，这三种颜色也被称为间色；将间色两两混合可以得到新的颜色，这些颜色被称为复色。根据颜色组合变化的规律，将各种颜色进行排列，可以制出具有 12 种基本颜色的色相环，如图 3－2 所示。

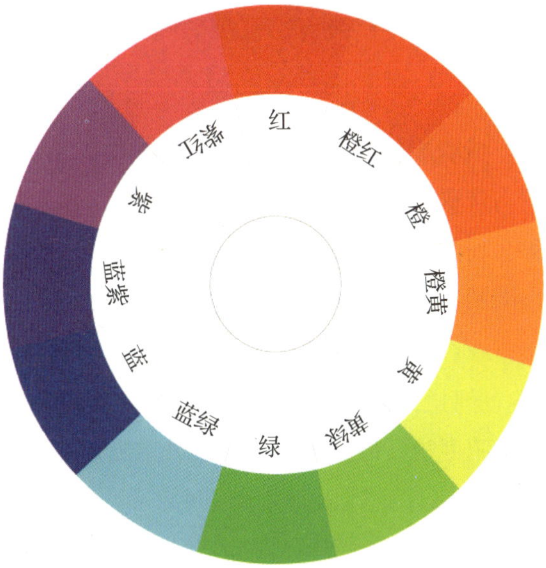

图 3－2

色相是区分色彩的主要依据，是色彩最大的特征。我们经常说的色彩搭配通常指某种色彩与另一种色彩的色相搭配，其在色彩选择和使用中起着决定性作用。

2. 明度

明度又称为色彩的亮度，指色彩的深浅和明暗程度。不同颜色会有明暗的差异，相同颜色也有明暗深浅的变化。比如，深黄、中黄、淡黄、柠檬黄等黄颜色在明度上就不一样，深红、玫红、大红、朱红等红颜色在亮度上也不尽相同。这些颜色在明暗、深浅上的不同变化，就是色彩的又一重要特征——明度变化，如图 3－3 所示即为同一张图片中低明度与高明度的对比。

在图 3－2 的色环中，明度最高的是黄色，明度最低的是紫色。明度越高，色彩越白越亮；反之，明度越低，色彩则越暗。

Photoshop 可利用拾色器对明度进行调节，在拾色器最上端的位置的选色皆为明度最高的，最下端就是明度最低的，如图 3－4 所示。

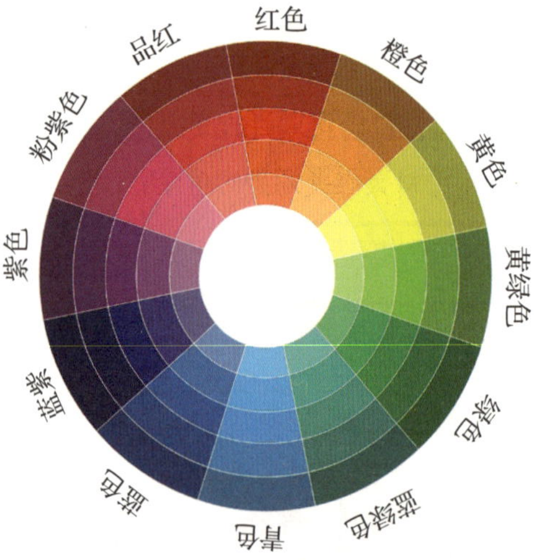

图 3－3

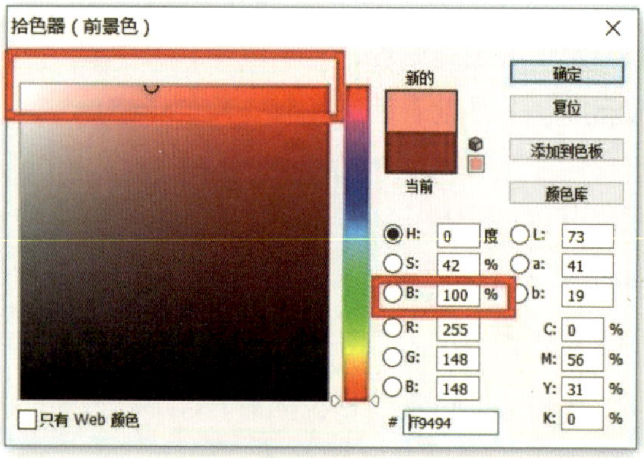

图 3－4

低明度的颜色搭配可以很好地表现出产品的品质感、品牌感、价值感，还可以体现出力量感、运动感、对抗性、商业感、奢华感，能够使商品呈现出大气、有档次的视觉效果，如图 3－5 所示。常见的国际大牌的官网基本都采用低明度、暗色调的颜色搭配。淘宝网站上常见的一些有气质格调的高端产品，比如家电类、科技数码类、化妆品、运动器械，或者与男性相关的一些产品经常会采用低明度的颜色搭配来表现产品的品质与价值感。低明度的颜色搭配，富有力量，较偏向男性的性格特点。

明度较高的色彩应用可以表现出产品的清爽、透气性，还可以给人一种年轻、干净、纯洁、优雅的感觉，画面会呈现平静、舒适、惬意、祥和的氛围，如图 3－6 所示。高明度也可以展示出产品的品质感，但不同于低明度营造的品质感。低明度的图片更偏向于展示商品的价值感，有一定视觉冲击力；高明度的图片则可以体现出商品的清爽、阳光的感觉。

图 3－5

图 3－6

高明度的色彩搭配常见于电子商务领域的厨房家居行业、服装行业、零食行业、数码类和化妆品类。相较于低明度，高明度则表现出轻而淡、灵动而飘逸的感觉，多适用于目标顾客为女性的商品。

3. 饱和度

饱和度也就是颜色鲜艳的程度，也称为纯度。色彩的纯度越高，色相越明确；反之，纯度越低，色相越弱。饱和度表示色相中彩色成分所占的比例，用百分比来衡量，0% 就是灰色，100% 就是完全饱和，如图 3－7 所示。

色彩的纯度越高，颜色越鲜艳，越容易让图片产生强劲有力、充满朝气的视觉效果；而纯度越低，颜色越苍白，越容易形成成熟、稳重的视觉效果。Photoshop 可利用拾色器对饱和度进行调节，拾色器最右侧的颜色饱和度最高，最左侧的颜色饱和度最低，如图 3－8 所示。

高饱和度配色方案的海报是电商设计中最为常见的一种，因为高饱和度海报会给人以热情、活力、健康、刺激、年轻的感觉，能给顾客带来直接的视觉冲击，与电商受众人群匹配，同时还带有非常强的廉价促销感，如图 3－9 所示。要体现出商品的品质感，则需要使用低饱和度的配色。

图 3－7

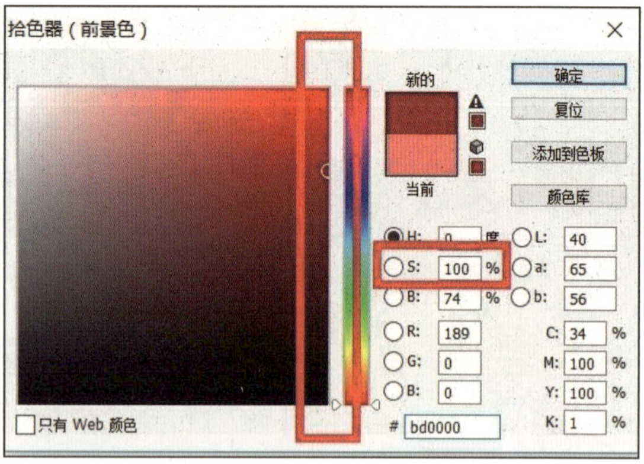

图 3－8

图 3－9

在实际应用色彩的过程中，新手设计师经常会遇到配色不协调的问题。有两种方法解决这个问题：如果是不同色相搭配，把不同色彩的明度和饱和度调成一致或者近似，即可使画面整体协调，如图 3－10 所示；如果是同一色相搭配，只调该颜色的亮度和饱和度，使其形成明暗、深浅的对比，也能达到画面和谐的效果，如图 3－11 所示。

图 3－10

图 3－11

3.1.2 认识色调

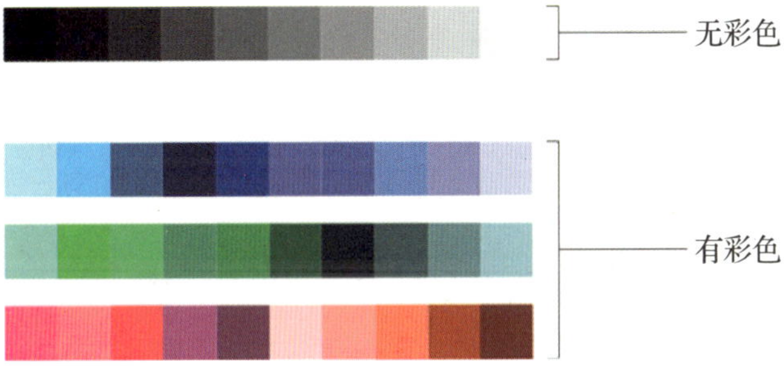

图 3－12

色调是指一幅作品色彩外观的基本倾向。在明度、饱和度、色相这三个要素中，某种要素起主导作用，就称之为某种色调。

色彩分为无彩色和有彩色，色调也由无彩色和有彩色构成，如图 3－12 所示。所谓无彩色，顾名思义就是没有色相的色彩，包括黑白以及介于二者之间的灰。有彩色就是指有色相的色彩，除黑、白、灰以外的色彩都是有彩色。

3.1.3 色彩感觉设计应用

色彩心理是客观世界的主观反映。色彩的直接心理效应来自色彩的物理光刺激对人的生理产生的直接影响，不同波长的光作用于人的视觉器官而产生色感时，必然导致人产生某种带有情感的心理活动。比如，红色能使人生理上脉搏加快，血压升高，心理上具有温暖的感觉。不同的色彩会让人产生不同的感觉，如表 3-1 所示。

表 3-1　色彩的心理感觉

颜色	象征形态	抽象情感联系
红色	火焰、太阳、鲜血、花卉	温暖、兴奋、热烈、希望、忠诚、健康、充实、饱满、幸福……
橙色	橘子、火焰、灯光、霞光、水果、秋叶	活泼、华丽、辉煌、跃动、炽热、温暖、甜蜜、健康、欢喜、幸福……
黄色	黄金、阳光、麦田、土地、香蕉、柠檬	光明、辉煌、轻快、纯净、快乐、希望、智慧，能引起富有酸性的食欲感……
绿色	大地、草原、庄稼、森林、蔬菜、青山	自然、健康、成长、新鲜、安静、安详、新鲜、和平、生命、青春、凉爽、清新……

续表

颜色	象征形态	抽象情感联系
蓝色	天空、海洋、水、太空、宇宙	平静、冷淡、理智、速度、诚实、真实、可信、深远、崇高……
紫色	薰衣草、葡萄、夜空	神秘、优雅、高贵、庄重、奢华、细腻、秘密……
白色	雪、云、白纸、天鹅、婚纱	纯洁、清白、纯粹、清静、明快、空白、高尚、整洁……
灰色	阴天、灰尘、烟雾、石材	柔和、细致、平稳、朴素、大方、平凡、谦和、中庸……
黑色	黑夜、黑发、魔法、死亡、黑板	沉静、神秘、严肃、庄重、含蓄……

所有事物的色彩都是由红、橙、黄、绿、蓝、紫这六种基本色相调配而成。红橙黄是暖色调，绿蓝紫是冷色调，如图 3－13 所示。每种色相都有其独特的情感。

1. 红色

红色能给人们带来温暖、热情、充满活力的感觉，是一种视觉极其强烈的色彩，很容易吸引消费者的注意。红色是波长最长的一种可见光，所以在众多颜色中，人们往往会首先注意到红色，如图 3－14 所示。红色被广泛应用在女性服饰、运动、游戏、食品等行业的产品设计中。按照红色的层次划分，红色可以分为粉红色、纯红色和暗红色，在电商领域中都有较多应用。

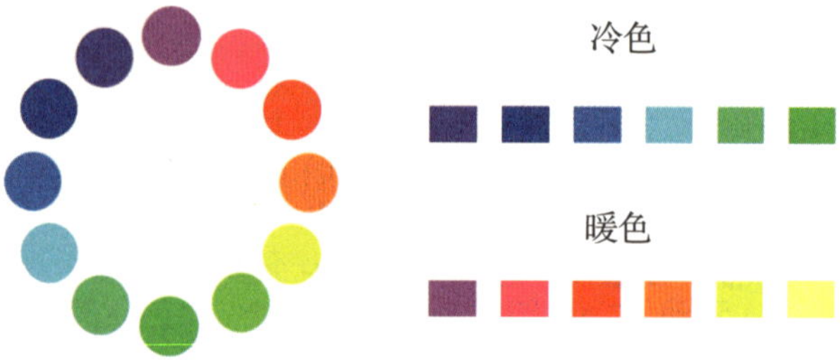

图 3－13

图 3－14

粉红色属于高明度＋低纯度的红色，简称粉色。粉色给人以柔和亲切的感觉，因此被大量地应用于女性、化妆品、母婴等相关产品中。粉色是女性的专属颜色，但一般用于表达年轻女性的可爱、甜美，如图 3－15 所示。粉色不太适用于高龄女性，因为粉色除了表现甜美之外也会使人产生一种无力感。粉色也可以用于美食类的设计，但需要谨慎使用，因为粉色的甜腻属性太强了，一般用于糖果类，如图 3－16 所示。

图 3－15

图 3－16

纯红色属于高明度＋高纯度的红色。纯红色是一个非常有力量的色系，很容易让人联想到热血、激情、个性、胜利等词语。当图片需要刺激消费者视觉神经时，纯红色是首选。日常生活中，红色可以用来表达喜庆、热闹、狂欢的节日气氛。红色还可以表达可口美味，因为大自然中成熟的果子多是红色的，所以红色也常用于美食，尤其是辣味的食物。在所有色彩中纯红色是最夺目的，永远不会被掩盖，所以特别适合当主色调使用，如图 3－17 所示。

暗红色属于低明度＋高纯度的红色。暗红色也可以体现女性的妖娆性感和妩媚，但更偏向于高贵、品质、知性、力量、深沉、有内涵的特性。天猫网的首页就运用了略暗的红色，既有一定的促销感，又有一定的品质感，如图 3－18 所示。暗红色这种低明度的红色，更多用于高端产品来表达品质感。

图 3－17

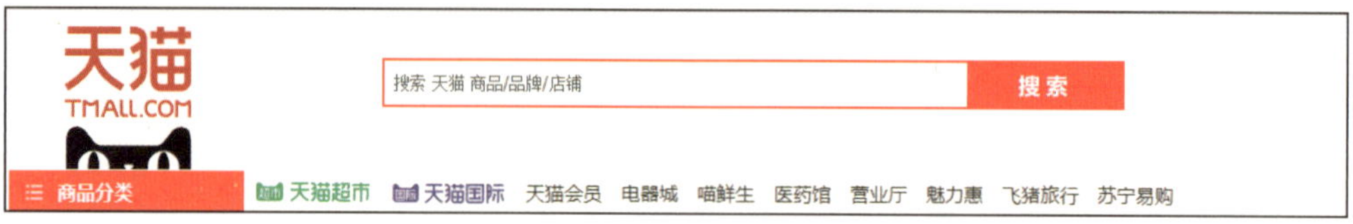

图 3－18

2. 橙色

橙色能带来舒适、明快的感觉，可以令人兴奋、富有活力，让消费者产生幸福的感觉。橙色既能表现出年轻的活力，也能传达出稳重感，在店铺页面设计中常常用于食品、儿童用品、家居等行业，如图 3－19 所示。

图 3－19

橙色在色环中处于红色和黄色中间，作为暖色而存在。橙色的廉价促销感非常强，所以各电商平台网站的促销类海报中常见橙色的应用。有些网站甚至整体以橙色为主色调，比如淘宝网的主色调是橙色，色彩的选择与其网站的目标定位相匹配，如图 3－20 所示。

图 3－20

3. 黄色

黄色是阳光的色彩，能表现无拘无束的快活感和轻松感。黄色与其他颜色搭配时会显得比较活泼，充满快乐、希望和阳光的气氛。黄色是所有颜色中明亮度最高的颜色，常用于华丽、时尚的产品，如高级家电、首饰、儿童玩具等。常见的黄色配色方案，如图 3－21 所示。

图 3－21

黄色是一种高可见的色彩，引人注目，因此常常被用在健康、安全设备以及危险信号中，交通标示、减速板等皆用黄色来提醒人们注意。黄黑搭配在生活中经常被用作警示标志，如图 3 - 22 所示。此种搭配中，色彩明亮、视觉冲击力强的黄色可以有效点亮黑色的沉寂，黑色的厚重感也可以压住黄色的轻飘，因此黄黑搭配是一种既冲突又和谐的配色方案。黄色还给人一种文艺范、略带一丝高傲的感觉，所以当作品要传达文艺范时，可以优先考虑黄黑搭配。

图 3 - 22

4. 绿色

绿色属于大自然的色系，代表着生命的永恒，给人一种生机勃勃的感觉，使人充满着希望与青春的活力。绿色属于比较中庸的颜色，给人以柔顺、恬静、优美的感觉。它和黄色搭配时呈现出很强的亲和力，能表达出大自然生机勃勃的感觉。在页面设计中，绿色往往用于保健品、土特产、化妆品等，以表现环保、健康、天然。常见的绿色配色方案，如图 3 - 23 所示。

图 3 - 23

5. 蓝色

人们对蓝色最初的印象是来自天空和大海，蓝色给人以神秘、平静、美丽、冷静、理智、安详与广阔的感觉，但有时也会让人产生忧郁感，这个意象可运用在感性诉求的商业设计中。

蓝色是接受度最高的一种色彩，因为它的应用范围非常广，高纯度的深蓝色能演绎出男性的刚毅，明亮的浅蓝色可以突出儿童的天真、纯洁。蓝色是典型的冷色调，设计中也常常被用作后退色。由于蓝色具有沉稳的色彩特性，在商业设计中，强调科技、效率的商品或企业形象，大多选用蓝色作为标准色、企业色，如电脑、汽车、影印机、摄影器材等。常见的蓝色配色方案，如图 3 - 24 所示。

6. 紫色

紫色表达的是一种优雅、高贵的气质，在中国传统中，紫色一直是尊贵的色彩，甚至是皇家的象征色彩，如北京故宫又称“紫禁城”；英文也有“生于紫色”(born in the purple)的说法，意思是出身高贵。一直以来，人们总是将紫色与大气、高贵、典雅等词联系在一起，同时它也带给大家神秘、奢华、浪漫、梦幻的感觉，紫色大多被应用在奢侈品、化妆品等偏女性化的产品类目中。紫色属于冷色调，在使用紫色的同系色彩进行搭配时，能表现出宁静优雅的感觉。常见的紫色配色方案，如图 3－25 所示。

图 3－24

图 3－25

3.1.4 色彩的搭配方法

当两种或多种色彩共同存在时，可以影响消费者心理。在进行色彩搭配设计时，应使对比恰到好处，画面才能艳而不俗、华而不浮，产生协调和谐的美感。

配色以红、黄、蓝三原色为起点，三原色是所有色彩的起点，需在此基础上扩展色相。对于初学者而言，可以先扩展到红、橙、黄、绿、蓝、紫这 6 种色相，它们在色相环上的位置关系如图 3－26 所示。色彩之间的关系取决于各自在

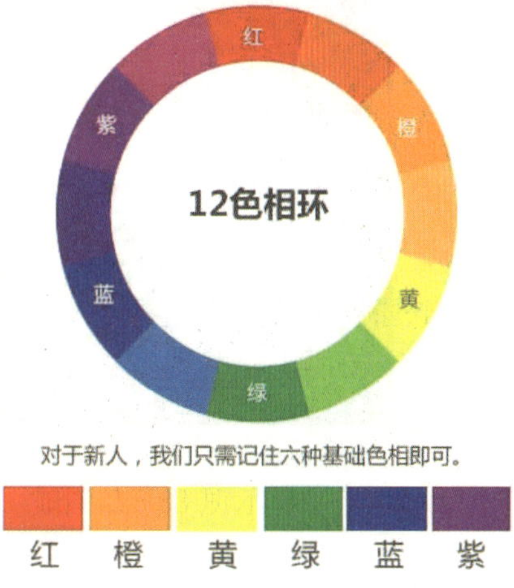

图 3－26

色相环上的位置，色相和色相之间的距离越近，则对比越弱，离得越远则对比越强烈。实际应用中，配色工作通常是根据不同色彩之间的关系进行的，以色相为基础的配色方案主要有：同类色配色、邻近色配色、对比色配色、互补色配色。

1. 同类色配色

在色相环上夹角在 30° 以内的颜色，色相非常接近，只能通过明度、纯度的差别对比来营造细腻丰富的视觉效果，表现雅致、含蓄、单纯、统一的视觉情感。如图 3－27 所示，文字颜色就是用背景中的颜色提高饱和度后的结果。

图 3－27

2. 邻近色配色

在色相环上夹角在 60° 范围之内的颜色，色相对比程度适中，画面显得色彩丰富，同时由于色彩并不是非常对立，易于做到统一调和。同类色如果使用不当，有时也会造成同一色的枯燥乏味，而相邻色稍微跳动的色彩可以保持设计的稳定性，如图 3－28 所示。

图 3－28

3. 对比色配色

在色相环中夹角在 120° 的两种颜色互为对比色，色彩差异大，画面色彩丰富、色彩对比强烈。运用对比色能制造出色彩丰富、鲜明的视觉效果，如图 3－29 所示。

图 3－29

对比色配色方案包括红黄搭配、黄蓝搭配和红蓝搭配。其中，红黄搭配在日常生活中常用来表达促销氛围、热闹场景、激情活力等，既能烘托气氛又非常抢眼。黄蓝搭配使画面给人一种明快、时尚的感觉，体现一种活力感，在一些运动产品的海报、主图上经常会见到这两种色彩的运用。红蓝搭配应用最为广泛，是对比色中比较特殊的一种搭配。因为这两种色彩是典型的冷暖色，有很强的对比性，会给人留下很深的印象，所以很多品牌的 Logo 以及一些标示性的事物都会选用红蓝搭配，比如百度的 Logo、百事可乐的 Logo、警车和救护车的警示灯等，如图 3－30 所示。需要注意的是，这两种色彩对比很容易让人产生视觉疲劳和心理亢进，所以不适用于家居类静物。

图 3－30

4. 互补色配色

在色相环上的距离在 180° 的两个颜色互为补色，色相差别强烈，将色相的对比推向极致。画面对比最丰富、强烈、刺激，具有强烈的视觉冲击力，如图 3－31 所示。

在使用互补色搭配时，要注意三个方面：首先，一定要控制好画面的色彩比例，因为这两种色彩放在一起时，对抗性强，所以一定要选出一种色彩作为主色调，另一种色彩作为点缀色或者辅助色；其次，可以降低其中一种色彩的明度 / 饱和度，这种方法可以使画面产生明暗对比，缓冲两种色彩的对抗性；最后，在画面中加入黑色或者白色作为调和色，进而缓冲互补色的强烈对抗性。

图 3－31

3.1.5 色彩比例控制

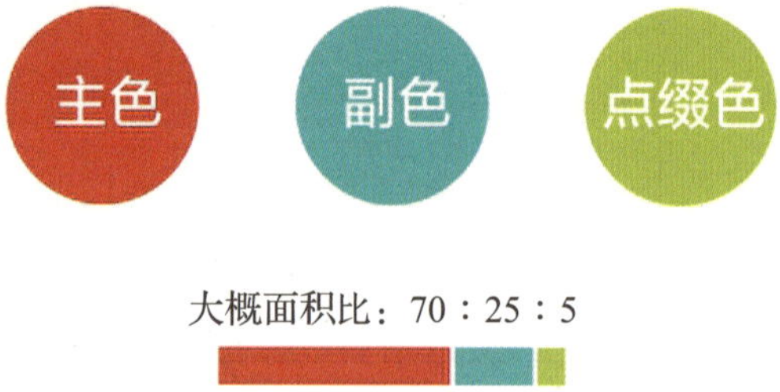

图 3－32

色彩搭配一定要给人以统一、协调的感觉。统一的颜色是指主色调只有一种，在此基础上搭配一些其他颜色，即所谓“总体协调，局部对比”原则。配色黄金比例为：70% 主色、25% 副色、5% 点缀色，如图 3－32 所示。一般情况下建议画面色彩不超过三种，这里的三种色彩是指三种色相，比如深蓝和天蓝即视为一种色相。

一般来说，色彩用得越少越好。色彩越少，画面越简洁，作品就会显得更加成熟。色彩越少，画面越容易被控制，除非有特殊情况，比如一些节日类的促销海报，此类作品往往要求画面能营造出热闹、富有活力的氛围，多色彩的运用可以让画面显得很活跃，但是色彩越多，就越要严格按照配色比例来分配色彩，不然会使得画面非常混乱，难以控制。

3.2 设计中的文字

文字是视觉设计中的基本要素，也是传达信息的最直观的表达方式。视觉设计包含大量的文字信息，这些文字根据使用场景和需求的不同，需要设计成不同的字体、字号、排版和色彩，有时还会应用一些创意字体来更好地体现商品特色。

3.2.1 文字的性格特征

字体就是文字的风格样式，是文字的外衣。如汉字中的楷书、行书、草书，就是不同的字体，有着不同的风格。字体的艺术性体现在其完美的外在形式与丰富的内涵之中。字体是文化的载体，是社会的缩影，不同的字体给人的感觉也不同。

好的字体易识别、易传播，同时可以承载一定的品牌文化，因此字体设计非常关键的一点就是要符合主题的要求，与主题内容达成一致，不能相互脱离，更不能相互冲突。如果主题确定完毕，接着就可以考虑字体的美感了，也就是使字体变得更富表现力和感染力，不仅要把主题传递给用户，而且还要感动用户，唤起用户美的感受。

为了满足设计与表现的需求，在视觉设计中选择使用字体时，要考虑文字的表现风格及其定位，下面介绍几种常用字体的性格特征。

1. 黑体

黑体字字体比较方正，笔画醒目、粗壮，并且粗细一致，适用于标题和大型文字表现。粗黑体多用于标题展示，细黑体多用于说明文字。黑体字在设计中的应用效果，如图 3－33 所示。

图 3－33

2. 宋体

宋体字，笔画有粗细变化，一般横细竖粗，末端有装饰部分，适用于文化、艺术、生活、女性等领域。宋体字在设计中的应用效果，如图 3－34 所示。

图 3－34

宋体是很有文化气质的字体，因此与文化有关的设计作品都可以考虑宋体。文艺是人们对生活的提炼、升华和表达，宋体可以很好地传达这类文艺、小资气息，如图 3－35 所示。

图 3－35

3. 圆体

圆体字是由黑体演变而来，笔画拐角处和末端为圆弧状的特点增加了一些灵性和活泼，也增加了字体的趣味性和圆润性，文字变得柔和、温润。圆体字能表现出美食的温润感，比如牛奶、巧克力等都可以用圆体字。圆体字也可以用于女性领域的设计，它能表现出女性的温柔、柔美、可爱。因圆体字字形圆润，给人一种可爱、爽滑感，也可用于儿童和美食等领域。圆体字在设计中的应用效果，如图 3－36 所示。

图 3－36

4. 书法体

书法体字具有装饰性和艺术性、律动和韵味、大气恢宏、烘托氛围的特点，适合表现中国风、民族风。书法在中国有上千年的历史积淀，也就意味着，在设计相关历史悠久的项目时可以用书法体字。书法体字在设计中的应用效果，如图 3－37 所示。

3.2.2 字体的高级使用技巧

对比图 3－38、图 3－39 这两幅促销海报，图 3－38 所示促销海报让人感觉促销力度更大，这就是使用字体所产生的效果。

图 3 - 37

图 3 - 38

图 3 - 39

性格，通常用来形容一个人的性情品格，人们常说“字如其人”，其实字体也可以看作一个有着不同性格色彩的人，不同的字体会展现出不一样的感觉，进而形成不同的版面风格，如图 3 - 40 所示。

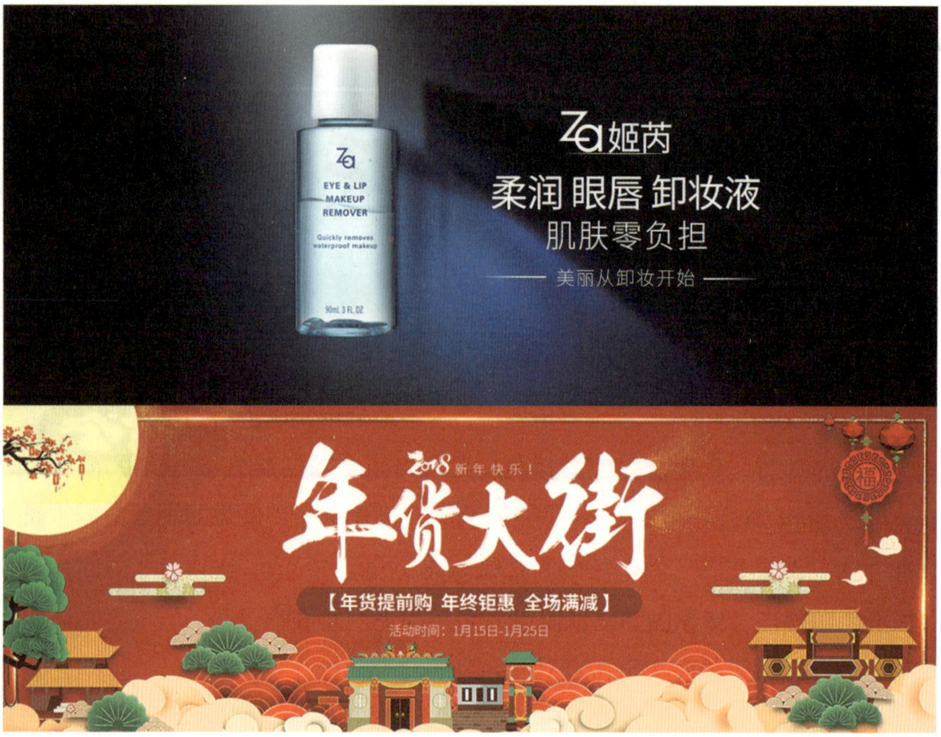

图 3－40

1. 男性化字体

销售男性产品，首先要分析男性的特征。通过人们意识中对男性特征的认知，提取一些认知共同点：粗犷、强劲有力、大气、力量感等。具备这些特征的字体就是男性化的字体，如图 3－41 所示。

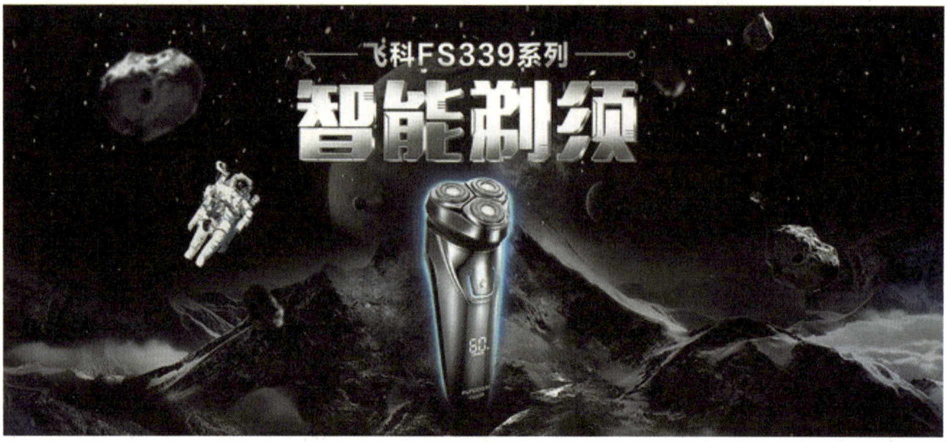

图 3－41

一般男性化字体大量应用在以“男性为主要从业人群”和“男性为主要消费人群”的产品设计中，包括但不仅限于以下几种：体育运动、汽车、男性用品、竞技游戏（男性为主要消费群体）等。

2. 女性化字体

销售女性产品，首先要分析女性的特征。在人们的意识中，和女性美相关联的词包括：秀美、气质、俊俏、飘逸、纤细、曲线、柔美等，所以女性化字体也应该具备这些属性：笔画纤细、线条流畅、拐角自然、字形有粗细变化。女性化字体通常被应用到女性消费者为主体的产品设计中，比如鲜花类、珠宝配饰类、女性用品、护肤品、化妆品等，如图 3－42 所示。

图 3－42

3. 促销字体

对于促销海报、促销单张、促销折页这类促销设计，主要目的是吸引消费者的注意、突出优惠信息等，所以要选择笔画粗且清晰有力的字体，如图 3－43 所示。可选用字体包括方正兰亭特黑、方正大黑、方正汉真广标简体、造字工房力黑、造字工房典黑等。

图 3－43

4. 中国风字体

中国风是近年来很受用户欢迎的设计风格，特别是在与茶叶、保健品、土特产、瓷器相关的设计中比较多见，如图 3－44 所示。中国风的设计当然要配合中国风的字体，如宋体、楷体、隶书、书法体等，都是具有中国风特色的字体，具体可以选用华康俪金黑、造字工房刻宋、方正楷体、方正华隶简体、汉仪字典宋体、方正细珊瑚简体、禹卫书法行书简体等。

图 3-44

5. 可爱字体

可爱风设计主要针对的人群是儿童和年轻女性，这类设计往往选用高饱和度的色彩，整体画面活泼、温和有趣，所以选择的字体也应该符合这几个特点。比较硬朗和规矩的字体就不适合这类作品，应该选用比较圆滑、亲和力较强的手写体和卡通字体，如图 3-45 所示。

图 3-45

6. 文艺字体

文艺清新风是一种非常受年轻女性青睐的设计风格，文艺字体应该具有“文艺青年”安静、素雅、清新的特点，如图 3-46 所示。茵曼、无印良品以及日本的一些设计作品，都符合文艺风的设计风格，给人很安静的视觉感受。要营造文艺风，字体选择当然也要清新脱俗，硬笔书法字体、细长的宋体、等线体都具有这一特征。

图 3-46

7. 奢华风字体

奢华风格的设计，画面一般都比较简洁、有质感，背景比较干净，所以不宜使用太复杂和太随性的字体。宋体和等线体这类比较细的字体是不错的选择，而且在这类设计中，最好不要给字体增加过多的效果，字号往往也比较小，如图 3-47 所示。

图 3-47

3.2.3 文字编排的基本原则

在进行页面的文字排版时，首先要考虑的就是文字的对齐方式。文字的对齐方式包括左对齐、右对齐、居中对齐，如图 3-48 所示。

图 3-48

1. 左对齐

左对齐是将段落文字的左侧边缘对齐。左对齐排列给人一种整齐规矩的感觉，比较符合从左向右的阅读习惯，具有很强的协调感，如图 3-49 所示。

图 3－49

2. 右对齐

右对齐是将段落文字的右侧边缘对齐。右对齐排列将人的视觉注意力集中到文字的右侧。文字右对齐，而在文案的左侧形成波浪造型，使画面有流动感，如图 3－50 所示。

图 3－50

3. 居中对齐

居中对齐是将每行文字的中间对齐到一条垂直的线上，给人左右对称的感觉。将文字居中对齐，可以将人的视线集中到中间位置，减少周围图形对文字的影响，如图 3－51 所示。

图 3－51

3.2.4 文字排版设计技巧

合理的排版能为页面整体设计效果加分。合理的排版有以下两个技巧。

1. 善用对比：无对比不设计

人们的眼睛不喜欢看平淡无奇、千篇一律的东西，喜欢看有对比的画面。使用对比的排版技巧可以有效地增加画面的视觉效果。对比原则包含的内容很多，比如虚实对比、冷暖对比等，这里只涉及字体的大小对比和粗细对比。

合理利用好字体对比，能产生令人惊喜的效果。一般的使用规则是主标题大而粗、副标题纤细，既在视觉上形成对比，也很好地强调了重点信息，使图片具有更强的可读性，如图 3－52 所示。

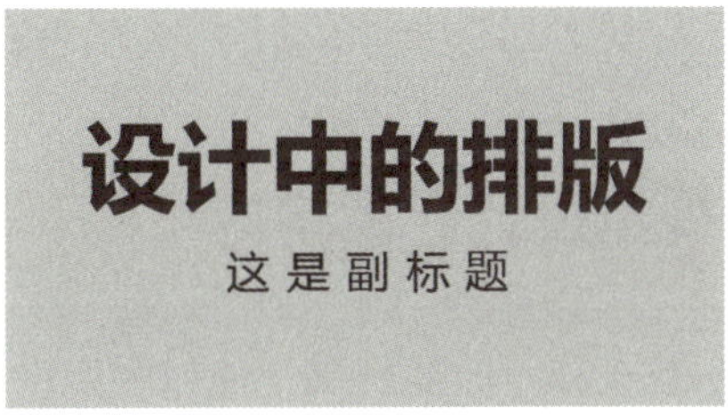

图 3－52

在使用对比方法时，要注意以下几点：首先，找出文案中最重要的语句，运用粗细对比和大小对比加以强调和区分；其次，字体要对比分明。把标题设置为 12 号字，把正文设置为 10 号字，这样的对比毫无意义。既然用对比就要做到大的足够大，小的足够小，细的足够细，粗的足够粗，让人一眼就看出对比关系。对比不仅会让页面更加美观，还会增加页面的可读性。不要担心顾客不会去读小字，假如所有文字一样大，没有重点，没有逻辑，顾客的眼睛往往会一扫而过。只要作品中强调的部分吸引顾客，顾客就会下意识地往下看。

2. 巧用形状

设计上经常采用形状＋文字的组合形式，来塑造有活力、有个性的设计风格，常用的形状通常有圆形、三角形和矩形，如图 3－53 所示。

图 3－53

当背景素材比较乱，影响文案的正常显示时，可将形状素材做纯色或半透明色处理，以此来增加文案的可读性，如图 3－54 所示。半透明的形状应用，既可以起到承载信息的作用，使文案得以清晰显示，又可以隐约透露出背景颜色，增加画面的空间感。此种情况下，一般应用圆形和长方形较多。

图 3－54

3.3 视觉设计元素构成

设计不是天马行空的想象，任何一个设计都是有章可循且具有一定规范的。

设计元素构成就是在二次元的平面上，按照美的视觉效果、力学的原理，进行编排和组合。它是以理性和逻辑推理来创造形象、研究形象与形象之间的排列方法，是理性与感性相结合的产物，网店美工应该掌握视觉设计的基本方法。设计一幅作品，首先要确定合理的构图方式，其次是色彩的运用，完成以上两步，作品就完成了百分之八十。

3.3.1 设计构图的作用

1. 有助于重要信息的传递

构图过程是设计师从混乱的视觉元素中找到条理性，帮助观者在各个视觉元素之间建立联系，从而有助于他们在阅读中获取重要信息，如图 3－55 所示。

图 3－55

2. 加强视觉效果的张力

通过改变视觉元素的位置、大小、颜色，加强视觉的张力，增加设计的趣味性。

3.3.2 常见构图形式

良好的视觉构图能够让页面设计更加出彩，下面对常见的构图方法进行介绍。

1. 中心构图

在画面中心位置安排元素，如商品或促销文案。这种构图方式给人稳定、端庄的感觉。如图 3－56 所示，文案和商品以及背景相重合，形成了一定程度的遮挡，在观感上，产生了前、中、后三景的视觉效果，使画面更具透视感和空间感。

图 3－56

2. 并置型构图

并置型构图是指将相同或不同的图片做大小相同而位置不同的重复排列，使画面呈现出干净、整齐的视觉效果，如图 3－57 所示。这种构图方式一般应用于促销活动或比较廉价的产品，配合高饱和度的色彩，体现高性价比的优势，但不适合高端产品。

图 3－57

3. 对角线构图

对角线构图是指画面主题居于画面的斜对角位置，能够更好地呈现主题的立体效果，使画面具有活泼生动的特点，如图 3－58 所示。值得注意的是，对角线构图方式，文案的倾斜角度不要大于 30 度，不然用户得歪着头阅读，影响阅读体验。另外，根据人们的阅读习惯，文字和商品主体一般是往右上方倾斜，这样使画面有一种上升感。

图 3－58

4. 三角形构图

三角形构图就是以三个视觉中心为元素的主要位置，形成一个稳定的三角形。三角形构图具有安定、均衡但不失灵活的特点，给人以强烈的视觉感，便于受众记忆，如图 3－59 所示。

图 3－59

5. 黄金分割构图

黄金分割构图是指将画面一分为二，其中比较大的部分与较小的部分之比等于整体与较大部分之比，比例是 1∶0.618。这是公认的最具美学价值的比例，使画面具有艺术性与和谐性，如图 3－60 所示。

图 3-60

本章小结

本章从色彩的应用、字体的选择、排版的技巧等方面介绍了网店美工必须掌握的设计技巧。在色彩的应用方面，介绍了明度、饱和度、色相、色彩心理和各种常用的配色方案，以及配色的比例；在文字的应用方面，介绍了常用的字体、不同字体的性格特征和字体编排的原则；在版式设计方面，介绍了页面构图的作用和常用的构图形式。

实训活动

实训目的：掌握色彩搭配、字体选择以及版式设计。

实训内容：电商海报的制作。

实训要求：

1. 下载本章实训素材制作网店轮播海报，尺寸为 950×400 像素；
2. 选择合适的构图方式，先完成版式设计，再根据产品定位及作品风格确定配色方案；
3. 海报的配色、文案撰写、字体应用、素材选择均应符合产品定位及目标客户人群的需求；
4. 文案的排版要紧凑，注意字间距与行间距的设置，文案要具有较强的可读性；
5. 注意对比、对齐等技巧的应用。

思考与练习

1. 如何提高文案的可读性？
2. 如何保持画面风格的一致性？

04 第 4 章　店铺 Logo 与主图的视觉设计

本章导读

Logo 作为店铺的重要标志之一，常常出现在店铺招牌和商品主图中，通过这种途径可以展示和宣传自己的品牌，将店铺的外在形象与其他店铺区分开来，增加店铺的辨识度，从而使顾客形成对店铺的品牌烙印。

商品主图是顾客接触到店铺信息的第一视觉途径。作为传递信息的核心，首先需要让主图具有吸引力，使顾客能够继续浏览下去，所以主图效果的好坏在很大程度上影响着商品页面浏览量的多少。本章主要对店铺 Logo 和主图的设计与制作进行介绍。

学习目标

知识目标

1. 了解 Logo 的定义、分类；
2. 了解主图的重要性；
3. 理解 Logo 的设计原则；
4. 掌握 Logo 的设计方法；
5. 掌握主图的设计规范；
6. 掌握主图的设计思路与方法。

能力目标

1. 能够设计并制作出符合店铺风格的 Logo；
2. 能够熟练完成高点击率主图的制作。

素养目标

1. 培养设计与创新能力；
2. 培养对 Logo 释义的提炼和设计传达能力。

4.1 Logo 的视觉设计

4.1.1 Logo 的定义

Logo 是徽标或者商标的英文说法，起到对徽标拥有企业的识别和推广的作用，通过形象的 Logo 可以让消费者记住公司主体和品牌文化。Logo 是一个品牌的视觉外露，是品牌传播的符号，其真正的力量是 Logo 背后的品牌气质与精神，是品牌的产品与服务。企业通过可视的图形，让消费者感觉到看不到的品牌，这就是 Logo 的意义。品牌的联想与产品的使用感受，最终凝聚在一个记忆符号上。

4.1.2 Logo 的类型

从常见的店铺 Logo 表现形态来看，Logo 主要有以下几种类型。

1. 中文文字型

中文文字型 Logo 主要由文字单独构成，如图 4－1 所示。它适用于多种传播方式，其最大的优点就是一目了然、简洁明了、辨识度高、消费者的接受度也高。

2. 英文文字型

英文字母的运用会给人一种时尚、酷炫的感觉，很受年轻人的喜爱，也能给人留下深刻的印象。但其在内容上不会让人马上识别、理解，因此，更类似于一个符号，如图 4－2 所示。

欧丝璐
—年轻快时尚—

图 4－1

SONY

图 4－2

如果选择此种类型的 Logo，特别要注意的是 Logo 的设计是否与店铺所出售的商品的整体风格相适应。而且不建议使用字母特别多的单词，最好以简洁明了和具备视觉冲击力为主要设计依据。

3. 中英文组合型

组合型 Logo 让人感觉清楚明了，又有“国际范儿”，很大气，比较强调设计感，包括字体、颜色搭配、形状设计等。中英文组合型 Logo 给消费者造成的视觉冲击力很强烈，因此其形式也多种多样，如图 4－3 所示。

淘宝网
Taobao.com

图 4－3

4. 图形型

图形型 Logo 一般只选择图形元素，不出现任何字符类元素，如图 4－4 所示。因此，图形型 Logo 留给人的印象不是很深刻，如果不配合店名来看的话，有一种让消费者不明所以的感觉，不能百分之百确定店铺主要售卖何种商品。所以，除非辨识度非常高，否则一般在实际应用中不推荐使用此类单纯图形的 Logo。

5. 图文结合型

图文结合型 Logo 是图形与文字相结合的表现形式，如图 4－5 所示。图文结合应该是最能让人记住的一种组合方式，既有图形化的视觉冲击力，又能通过文字部分清楚表达店铺信息，所以是应用最广泛的 Logo 类型。

图 4－4

图 4－5

4.1.3 评价 Logo 的标准

优秀的 Logo 首先需要具备创新性。创新性是 Logo 设计最为基本的要求之一，要用艺术的语言，将品牌独特的气质表现出来；与其他的品牌，与相近的图形，有着明显的区别；拥有能够洞察先机的创新设计，或与众不同，或紧跟设计潮流的设计，能够引发人们的期待感。

优秀的 Logo 应具备思想性。之所以有 Logo 的出现，就是因为需要一个简单的、符号化的标志来高度概括品牌的气质与精神，所以 Logo 的精神内涵一定是能够传达出企业或产品倡导的精神或愿景，或者是对消费者的一种品牌承诺。在 Logo 的设计中，通过颜色、式样、构成、字体的应用，将其与企业或产品特质连接在一起，使人们在看到 Logo 的时候，能够联想到品牌的特质，让人产生共鸣。

优秀的 Logo 应具备易传播的特性。这就要求 Logo 首先需要具有易读性，即拥有任何环境下都能识别的属性，能够正确读取文字，并在明确显示的同时也应该有与其他 Logo 区别的性质。其次需要 Logo 具有易于记忆的属性，即拥有让人印象深刻的设计，容易被大众所接受和认知，并被记住。

优秀的 Logo 应具备美感。作为一个品牌的标识，Logo 应该给人以美的视觉享受，拥有让人舒服的造型。好的 Logo 是美观耐看的，能够让人从中获得美的享受。

优秀的 Logo 应具备易用性。Logo 的应用领域非常广泛，优秀的 Logo 应该拥有能够放在各种媒体上的属性，小到名片，大到招牌，不论是应用在网络上还是纸质媒体上，也不论背景颜色如何，均要保证用户能够看清，能够识别。

4.1.4 Logo 的设计思路

1. 明确网店策略

首先明确网店的经营策略，是侧重品牌、侧重销售，还是侧重资讯。选好网店策略是设计店铺 Logo 的第一步，也是至关重要的一步。

2. 明确品类策略定位

此步骤主要是根据所售商品的品类和店铺自身的特点来确定店铺的定位。

3. 明确风格定位

此步骤主要根据经营产品的品牌或者产品的特点，以及经营理念和消费者喜好确定店铺的风格。

4. 明确元素

此步骤主要确定 Logo 以哪种形式展现，如中文、英文、图形、吉祥物、广告语等。可以从品牌名称的首字母、中英文名称，或者品牌名称的含义入手。也可以从品牌的行业属性入手，比如餐饮行业一定是看起来就好吃的、好喝的；连锁超市一定是看起来就方便的、亲民的；交通行业一定是看起来就很快速、很便捷……

5. 明确字体

此步骤主要是设计 Logo 用到的字体。

6. 明确色调

此步骤主要确定店铺 Logo 的饱和度、明度、色相等。

在 Logo 的设计过程中，应该时刻记住，Logo 的主要作用绝不是漂亮。漂亮的 Logo 或许能赢得设计大奖，但不一定会给公司带来更高的市场份额。设计师可以通过以下几个问题给自己的作品打打分：

（1）Logo 能唤起用户什么样的情感？

（2）隐藏在 Logo 背后的东西是什么？

（3）Logo 经得起时间的考验吗？

（4）它独一无二，一眼就能看出来吗？

（5）黑白色看起来效果如何？

（6）在小尺寸下也能独特清晰吗？

4.1.5 如何向领导或客户推销你设计的 Logo

要想成为一名优秀的美工，不仅要具有扎实的软件应用功底、良好的审美能力、创新的设计思维，还应该具备良好的表达和沟通能力，让领导或客户能够一眼就读懂并且认可你的作品。

Logo 是通过形象化的标志，让用户记住公司主体和品牌文化，所以在向领导或客户介绍你的作品时，要告诉他们这个 Logo 是怎么来的、你是怎么思考的、最终的 Logo 作品是经过怎样的构建过程，一步步到现在的这个样子的，这就是推导。除了要向领导或客户讲解 Logo 的推导过程以外，还要向他们展示这个 Logo 的应用示例，比如放到名片上有多精致、挂到大楼上是有多大气，让领导或客户能够更深刻地感知 Logo 应用后的情景，看到自己品牌的未来，这就是延展。推导和延展加在一起，呈现给客户，这就是提案。

下面通过实例进一步介绍提案，假如你在一家新创网店任职网店美工，店铺出售各种杂粮产品，店铺名称为：小鸡吃米米店。店铺需要设计一个 Logo，你的终稿如图 4－6 所示。想一想，这样的作品行吗？做好的 Logo 用这样的方式呈现给你的领导或客户，他们能接受吗？

图 4－6

当你做完 Logo，不能只是简单地导一张图出来，而是需要一个提案，即推导＋延展＋呈现，示例如下：

图 4－7

1. Logo 作品

沿用上述案例，Logo 作品效果如图 4－7 所示。

2. Logo 的推导过程

Logo 的具体推导过程如下：

（1）从店铺的名称中找到灵感，以中文和拼音的方式体现在 Logo 中；

（2）选择手绘的风格，给人以可爱的感觉，拉近与顾客的距离；

（3）太阳象征着朝气蓬勃，活力十足，我们的网店也会如太阳一般蒸蒸日上；

（4）以上应用元素，可爱、活力十足，但是缺少庄重的感觉，所以将这些元素以徽章的形式呈现出来，增加庄重感。

3. Logo 的应用示例

Logo 的应用示例，如图 4－8 所示。

图 4－8

4.1.6 Logo 的制作

制作 Logo 是店铺装修中必不可少的一部分，下面以为名称为“海洋文具”的淘宝店设计一个图文结合的 Logo 为例进行讲解，具体操作步骤如下。

步骤 1 打开 Photoshop 软件，新建大小为 800×800 像素、分辨率为 72 像素 / 英寸、名称为“海洋文具 Logo”的文件。选择圆角矩形工具，设置圆角半径为 15 像素，填充颜色设置为浅蓝色，R、G、B 的值分别为 212、240、254，描边粗细设置为 10 像素、颜色选择黑色，按 Shift 键绘制圆角正方形，效果如图 4－9 所示。

步骤 2 按 Ctrl+T 组合键，将矩形旋转 45 度，变成菱形，按 Enter 键完成。再次按 Ctrl+T 组合键，执行自由变换命令，在垂直方向上拉伸菱形，效果如图 4－10 所示。

图 4－9

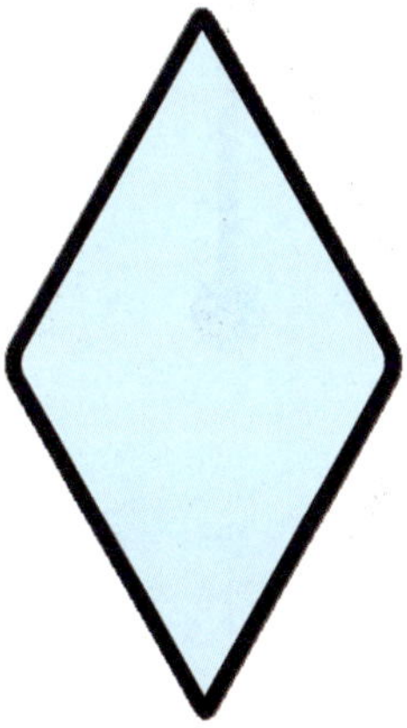

图 4－10

步骤3 将前景色设置为黑色，选择画笔工具，设置画笔大小为10像素、硬度为100%。新建图层，按Shift键绘制直线。将画笔大小调整为40像素，在直线末端单击鼠标绘制圆点，效果如图4－11所示。

步骤4 选择圆角矩形图层，单击鼠标右键，选择“栅格化图层”，将其转化为普通图层，选择矩形选框工具，在下方绘制矩形选区，按删除键删除多余的部分，效果如图4－12所示。

图4－11

图4－12

步骤5 选择钢笔工具，绘制如图4－13所示的形状。

步骤6 新建图层，按Ctrl+Enter组合键，将路径转化为选区。将前景色设置为褐色，R、G、B的值分别为167、88、58。按Alt+Del组合键填充前景色。按Ctrl+J组合键复制图层，按Ctrl+T组合键，单击鼠标右键，选择水平翻转，并调整至合适位置，按Ctrl+E组合键合并图层，效果如图4－14所示。

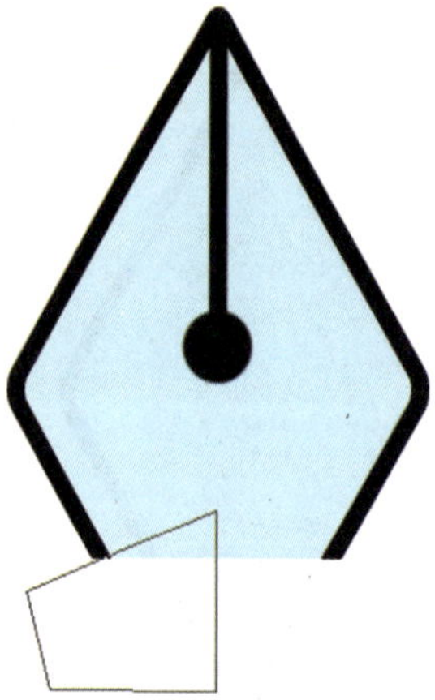

图4－13

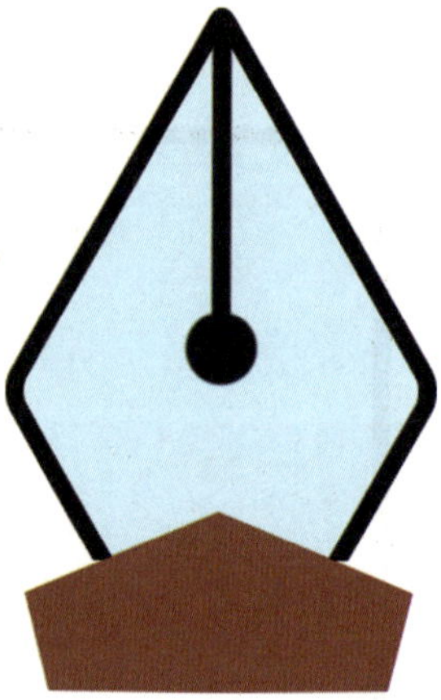

图4－14

步骤 7 单击图层样式 fx，选择描边命令，设置描边颜色为黑色、粗细为 10 像素，单击“确定”按钮，效果如图 4－15 所示。

步骤 8 选择直线工具，设置直线粗细为 10 像素，填充颜色为黑色，绘制如图 4－16 所示的两条线段。

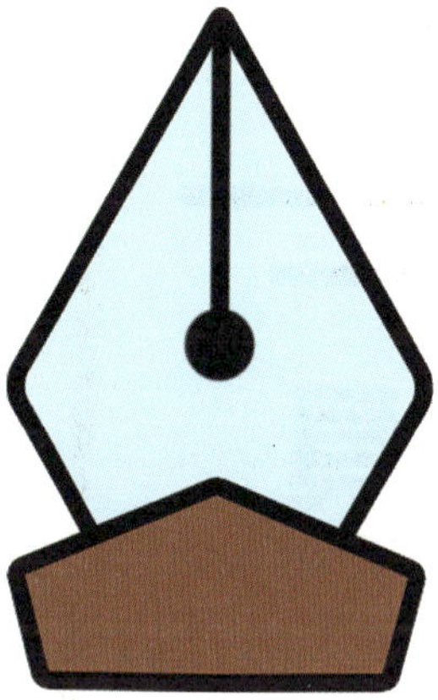

图 4－15

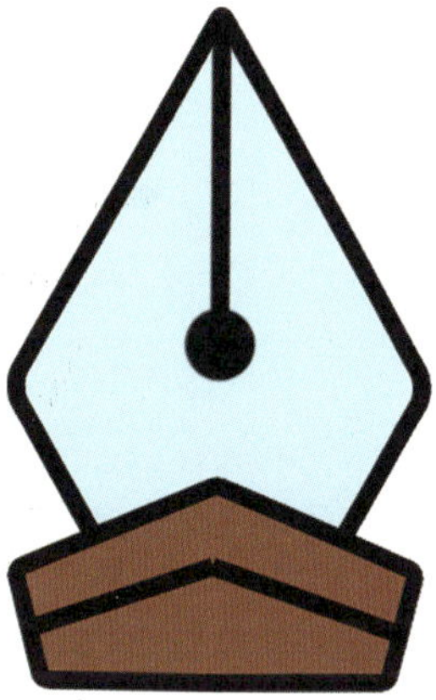

图 4－16

步骤 9 新建图层，选择画笔工具，设置画笔大小为 10 像素，填充颜色为黑色，按 Shift 键绘制直线，如图 4－17 所示。

步骤 10 新建图层，选择画笔工具，设置画笔大小为 15 像素，填充颜色为黑色，按 Shift 键绘制如图 4－18 所示的直线。

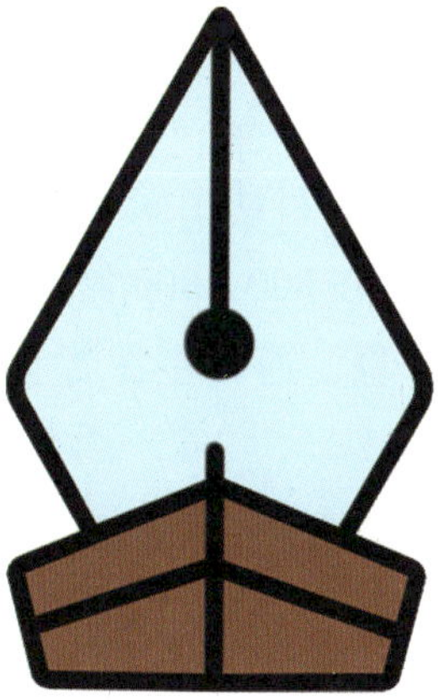

图 4－17

图 4－18

步骤 11 选择文字工具，撰写文案“海洋文具”，并设置合适的字体字号，文字颜色设置为深灰色。继续选择文字工具，撰写英文文案“ MARINE STATIONERY”，并设置合适的字体字号，最终效果如图 4－19 所示。

图 4－19

4.2 主图的设计与制作

在网店设计中，产品主图作为产品的流量入口，对引流有着关键作用。下面就主图的尺寸、设计规范、设计思路进行介绍。

4.2.1 主图的尺寸要求

对于主图的详细尺寸，一般情况下电商平台没有硬性要求，但是主图尽量做成正方形，像素在 700×700（包含）以上，通常做成 800×800 像素的大小。在淘宝平台，主图尺寸达到 700×700 像素（包含）以上，即可在详情页自动生成放大镜的效果，而在天猫平台，要实现放大镜的效果，要求主图尺寸必须在 800×800 像素（包含）以上。很多企业在多个电商平台开设店铺，为了减少工作量，通常主图都会设计成 800×800 像素。

主图的格式要求比较宽泛，常见的 bmp、png、jpg 等图片格式均可，图片大小控制在 500KB 以内。

4.2.2 主图的设计规范

在进行主图的设计时，应遵守主图设计规范，具体要求如下：

第一，产品主体一定要显眼、清晰，占总体比例的三分之二左右。主图中可以加入促销信息，但要简单明了，促销信息不要喧宾夺主，字数控制在 10 字以内。

第二，主图上尽量有店铺 Logo 或名称，加强品牌感。如果使用 Logo，一般放在主图的左上角。优秀的主图示范如图 4－20 所示。

第三，主图上的文案信息避免多个文字区域或大面积铺盖，否则会干扰到用户正常查看商品。文案在图片周边，颜色过于醒目且面积过大时，也会分散用户的注意力，形成主图“牛皮癣”，这样的主图不仅影响视觉效果，还会受到电商平台的惩罚，错误的主图示范如图 4－21 所示。

图 4－20

图 4－21

第四，主图中的产品最好选用单一产品，过多的产品容易分散用户的注意力。单一产品和多产品主图的视觉效果对比，如图 4－22 所示。

图 4－22

第五，主图应尽量避免拼接图形。拼接图的整体视觉效果会显得非常凌乱，即使是高档产品也无法营造出高品质的视觉效果，如图 4－23 所示。

图 4－23

4.2.3 主图的设计思路

要制作出一张点击率高的主图，明确主图的设计思路十分必要。有很多新手设计师，虽然具备了一定的软件操作能力，但是在制作商品主图时往往不知从何下手，下面就主图的设计思路进行介绍。

1. 从市场出发做好产品定位

不仅是网店的店长、店铺运营，美工也应该明确产品的定位，要知道店铺卖什么、卖给谁以及怎么卖。只有做好产品定位，明确产品在市场中处于什么位置，明确目标人群，才能知道主图设计的出发点在哪里。

例如，高客单价的居家布艺，如窗帘、地毯、沙发垫等，面对的目标人群可以是家庭主妇，也可以是成年单身独居人群。这些人群有一定的经济基础，但基本上不会是学生。所以制作主图时可以从目标人群喜好出发，结合产品特性和主图制作规范，制作出吸引用户的优质主图。

主图连接着产品本身和顾客的购物需求，所以在制作主图的时候应该兼顾这两方面，用主图激起顾客的点击行为和购买欲望。主图不需要迎合所有人，只需要迎合目标客户群体，获得高点击率即可。

2. 参考同行提炼卖点

在制作主图之前，除了要全面地了解产品信息，还要了解行业内具有同样定位的产品主图。通过对比，提炼产品的卖点和优势，卖点的提炼包括产品本身的设计、功能、材料、工艺、品牌、风格、配件、款式、优惠价格、无差评、高销量、热卖等。分析买家需求以及痛点，然后将其在主图上给予适当的展示，以刺激需求。

3. 差异化的视觉效果

在搜索结果页面众多的商品面前，差异化的视觉效果更容易引起买家的点击，但对于一些标准化的产品，要做到差异化并不容易。所以设计师在制作主图时，尽量在跟上同行水平的基础上，再做一定的差异化。例如，竞争对手多选用场景图，我们可选用白底图或单一纯色背景。如图 4－24 所示，在众多的蜂蜜产品中，左侧的主图拥有区别于其他主图的干净、单一的背景，最为抢眼。

图 4－24

4. 确定主图风格和文案信息

主图风格应符合产品及行业属性，符合目标客户人群喜好。商品图片搭配简单的文案信息，能够更好地提升主图的点击率。确定风格和文案信息后，即可按照主图的设计规范进行主图的设计和制作了。

4.2.4 主图的制作

以制作洗面奶主图为例，在该主图中需要体现产品的 Logo 和促销信息，具体操作步骤如下：

步骤 1 新建大小为 800 × 800 像素、分辨率为 72 像素 / 英寸、名称为“洗面奶主图”的文件。打开背景素材，将其移至主图中，调整大小使其适合主图尺寸，并利用“色彩平衡”调节颜色至深绿色，效果如图 4－25 所示。

步骤 2 打开洗面奶素材，抠取洗面奶，并将洗面奶拖至主图中，调整大小和位置，如图 4－26 所示。

图 4－25

图 4－26

步骤 3 打开 Logo 素材，利用魔棒工具抠取 Logo，并移至主图左上角，调整至合适大小，如图 4－27 所示。

步骤 4 新建图层，选择矩形选框工具，在主图下方绘制矩形，填充深绿色。再次使用矩形选框工具，用同样的方法在深绿色矩形上绘制一条淡黄色的边界，如图 4－28 所示。

图 4－27

图 4－28

步骤 5 选择文字工具，设置字体为微软雅黑、字号为 40 号，文字颜色设置为和黄色边界相同的颜色，撰写文案“领券满 198 减 30”，效果如图 4－29 所示。

步骤 6 新建图层，选择椭圆选框工具，按住 Shift 键绘制正圆。选择渐变填充工具，设置为深黄到浅黄的渐变，从右下向左上拉伸，填充圆形图标。按 Ctrl+J 组合键复制圆形图标，按 Ctrl+T 组合键缩小圆形，使外圆比内圆大出一个边界即可，将渐变填充工具从左下向右上拉伸，并连接两个图层，移动至主图左下角，效果如图 4－30 所示。

图 4－29

图 4－30

步骤 7 选择文字工具，设置为黑体字、24 号、深褐色，撰写文案“活动价”以及人民币符号，按 Ctrl+ 回车键，退出编辑状态。将字号调整至 60 号，输入价格“49”。效果如图 4－31 所示。

步骤 8 选择圆角矩形，设置半径为 10，绘制浅褐色圆角矩形，并输入文字“时间：4.14-7.20”，效果如图 4－32 所示。

图 4－31

图 4－32

本章小结

本章介绍了Logo和主图的设计与制作。Logo方面，主要介绍了Logo的定义、类型、评价标准、设计思路和提案等内容。主图方面，主要介绍了主图的尺寸要求、主图设计规范和设计思路。

实训活动

实训目的：掌握Logo和主图的设计与制作。

实训内容：商品主图的制作。

实训要求：

1. 请为一家儿童玩具店铺（店铺名称为：欢乐时光）设计一个Logo，要求Logo简洁、个性，易于传播和记忆，且美观、精致。完成Logo提案，即Logo设计的推导过程+应用延展+呈现。

2. 利用素材图4-33，设计一幅商品主图，并将上一小题中设计的Logo放于主图左上角。主图要能够体现商品的卖点和特色，与同行业商品主图形成差异性。

图4-33

思考与练习

1. 标准化商品的主图设计，如何体现差异性？

2. 设计师应该如何同不懂设计的领导或客户进行沟通？

05 第 5 章　网店首页视觉设计

本章导读

首页是网络店铺形象的展示窗口，网店首页的专业与否直接影响着用户对店铺的第一印象的好坏。专业、规范的网店首页设计可以为商品加分，增加消费者对商品的信任度，延长消费者在店铺停留的时间，提高消费者购买商品的概率。店铺首页作为店铺的门面，其装修效果至关重要。

学习目标

知识目标

1. 熟悉并掌握店铺首页各个模块的设计要点及主要内容；
2. 了解店铺首页的页面结构及常见布局；
3. 掌握店铺首页的设计制作流程。

能力目标

1. 能够独立设计制作出符合店铺风格的店铺首页；
2. 能够完成店铺首页中各个模块的设计；
3. 能够根据需要对店铺首页进行装修。

素养目标

1. 培养遵守平台规范的意识；
2. 培养主动学习的习惯。

5.1 网店首页装修及其设计思路

网店装修是通过图形图像软件对商品照片进行修饰，利用美学设计对素材、文字和照片进行组合，给人以舒适的、直观的视觉感受，让消费者从设计好的网店中了解到更多的商品信息和店铺信息。

5.1.1 网店首页装修设计的目的

网店的页面装修得漂亮别致，首先从视觉方面就能打动消费者的心，让消费者感觉到卖家对店铺的用心，从而增添对店铺商品的信任感。而卖家把所有的关于店铺的基本信息展示在店铺首页，让消费者能第一时间很清晰地了解到店铺的所有信息，同时也能加深消费者对店铺的印象，促进消费者对店铺内商品的购买，增加商品的成交量。良好的店铺装修效果能提升店铺的形象，增加消费者对店铺的关注度，提高店铺的点击率，如图 5－1 所示。

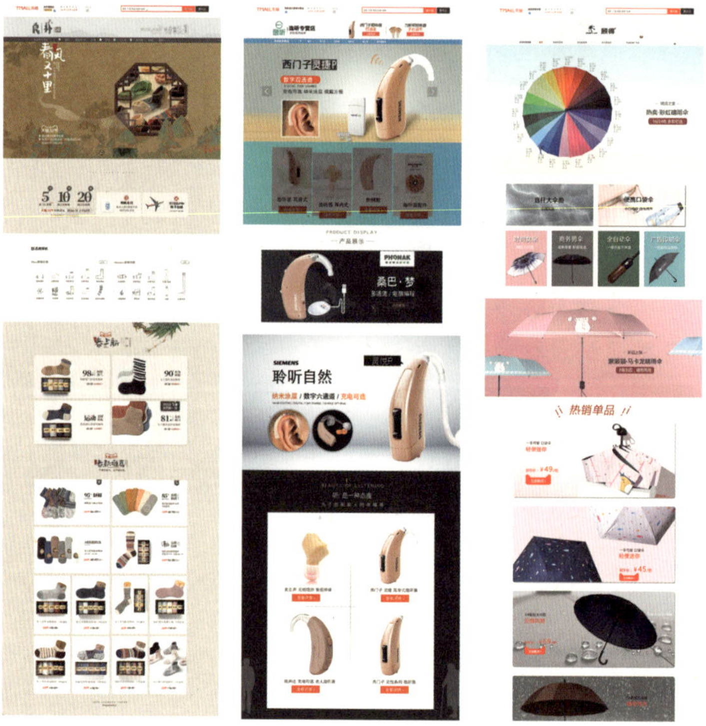

图 5－1

5.1.2 网店首页的基本布局

店铺首页装修的最终目的是要在有限的页面展示中，用最简单的表现手法达到最好的宣传效果，提升消费者的信任度，从而达到提升转化率的目的。符合消费者需求的页面布局才有价值。因此，在安排店铺首页布局时并不是要将所有的模块都堆积其中，而是通过组合排列，将各模块合理布局到店铺首页。合理的布局不但可以增加店铺黏性，提升新老顾客的忠诚度，还可以达到更好的视觉效果和用户体验效果。

店铺首页的常用模块通常包含：店铺招牌、导航栏、轮播海报、分类导航、商品推荐、商品展示、店铺底部，如图 5－2 所示。

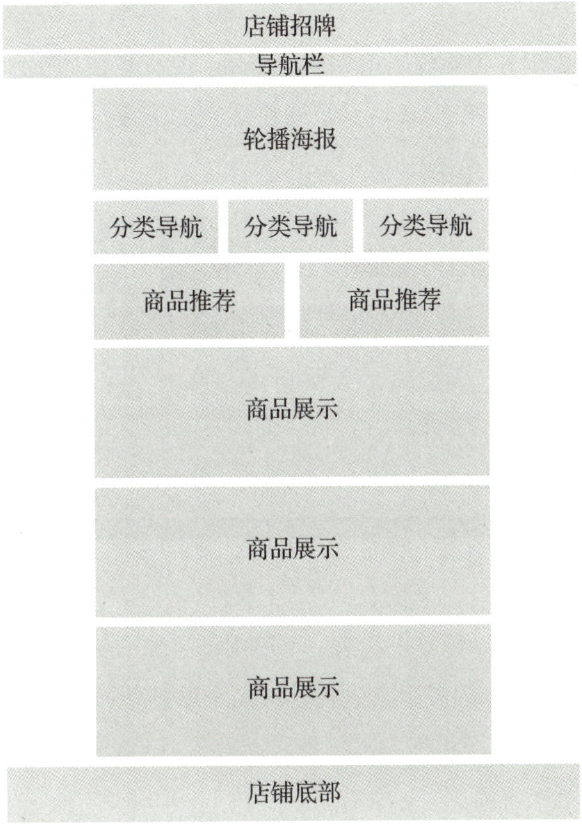

图 5－2

5.2 店铺首页核心模块设计

5.2.1 店招的设计制作

店招即店铺的招牌，位于网店页面的顶端，是店铺品牌展示的窗口，也是顾客对店铺第一印象的主要来源。鲜明有特色的店招对于卖家店铺品牌的传播具有不可替代的作用。

1. 店招设计要求

（1）店招内容：从内容上讲，店招上可以放置店铺名称、Logo、广告语、促销产品、关注按钮、优惠券、搜索框、店铺公告等一系列信息，如图 5－3 所示。换句话说，几乎所有能想到的店铺内容均可在店招上进行展现。但店招的空间有限，所以店招上除了店铺名称必然出现外，其他内容按照网店具体情况进行安排。

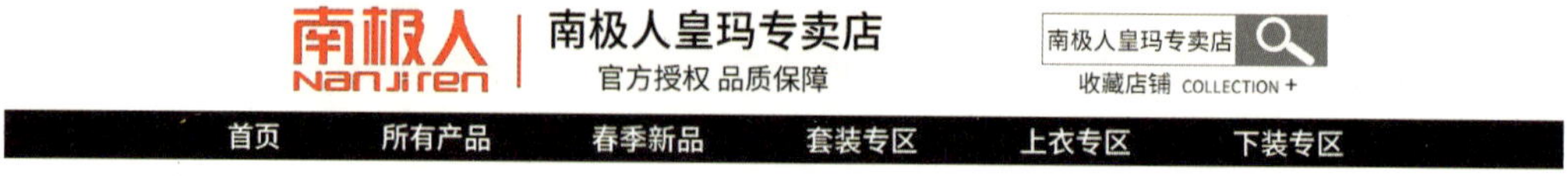

图 5－3

（2）店招分类：店招分为常规店招和通栏店招。常规店招的宽度尺寸为 950 像素，高度尺寸不超过 120 像素，如图 5－4 所示。通栏店招的宽度尺寸为 1 920 像素，高度尺寸不超过 150 像素，如图 5－5 所示。

图 5－4

图 5－5

（3）设计原则：店招设计要遵守的第一个原则是品牌形象的植入。品牌形象的植入可以通过店铺名称、店铺 Logo 的展示来进行。第二个原则是抓住产品定位。产品定位是指展示店铺卖什么产品，自己店铺的卖点、特点、优势、差异化等，精准的产品定位可以快速吸引目标消费群体进入店铺。

如图 5－6 所示，店招通过店铺 Logo 和店铺名称的展示进行品牌形象的植入。通过产品图的展示，让顾客一眼即可识别出店铺出售的产品，以及产品的特性和价格定位。

图 5－6

2. 不同类型店招的设计

前文提到过，店招的空间有限，除了店铺名称外，其他内容的设置需要根据网店具体情况进行具体分析。根据网店在各个时期的不同阶段目标，店招通常分为品牌宣传、活动促销和产品推广三种形式，每种形式的元素应用均有不同。

（1）品牌宣传类：制作品牌宣传类店招时，首先要考虑与品牌相关元素的应用，如店铺名称、Logo、广告标语，因为这是品牌宣传最基本的内容载体；其次是关注按钮、关注人数、收藏按钮，可以侧面反映店铺实力；最后是搜索框、第二导航等能够提升用户体验的内容。以上内容仅是介绍此类店招的元素选择顺序，无须全部放置在店招上，越是突出品牌的店铺，往往放置的内容越少，留白空间越大。有的大品牌，甚至在店招设计上，仅使用 Logo 一个元素。图 5－7 为品牌宣传类的店招设计效果图。

图 5－7

（2）活动促销类：制作活动促销类店招时，首先放置店铺名称、Logo 等内容，因为对于一个店铺而言，不管现阶段的主要目标是什么，都需要向顾客展示店铺的名称及品牌。其次要考虑的因素是活动信息、优惠券、促销产品等与活动相关的信息。最后考虑的是搜索框、旺旺、第二导航等方便顾客体验的内容。不管是气氛设计还是内容展示，都要让活动信息占据更大的篇幅，否则顾客对店铺的信息关注度会降低。图 5－8 为优惠券和活动促销的展示内容。

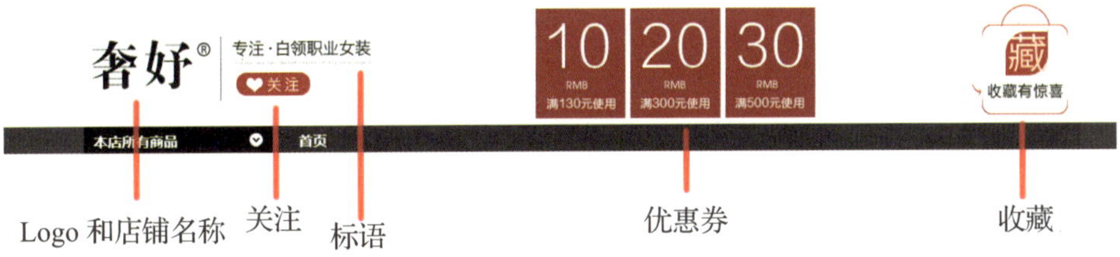

图 5－8

（3）产品推广类：产品推广类店招主要是为了打造爆款，推广店铺的主推产品。在店招上，同样是先摆放店铺名、Logo、广告语等，然后是要主打促销的产品以及与产品匹配的促销信息、优惠券、活动信息等，最后是搜索框、第二导航条等方便用户体验的内容，如图 5－9 所示。

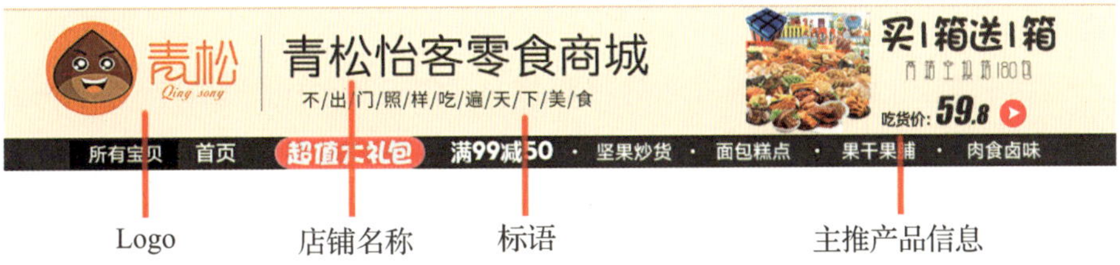

图 5－9

以“人本官方正品旗舰店”为例，展示三种类型店招的示例。如图 5－10 所示。

图 5－10

5.2.2 轮播海报设计

全屏轮播图片模块是一种可以覆盖整个屏幕并轮流播放海报的模块，具有高端、大气的视觉特点，因此常被应用于店铺首页。全屏轮播图位于导航的下方，占有较大的面积，具有震撼的视觉效果，一般用于放置店铺的活动与促销信息。

不管是线下传统的营销方式还是线上网络销售，都需要有漂亮而又吸引人眼球的海报来招揽顾客。在网络店铺的运营中，商家经常会利用店铺首页的海报来吸引消费者，即便没有促销活动或者节日活动，商家也会通过制作精美的海报图片来吸引消费者的眼球。

1. 轮播海报的设计要求

（1）全屏轮播海报尺寸：全屏轮播图片的宽度为 1 920 像素，高度一般以 400 ～ 800 像素为最佳。如图 5－11 所示，用红框框起来的部分即为全屏轮播效果图，但是该轮播需要付费开通或者利用自定义模块装修。

（2）常规轮播海报尺寸：使用淘宝中的“轮播图”模块可以制作常规轮播图，其高度要求在 100 ～ 600 像素，体积要求小于 300KB。常规轮播海报按宽度可以细分为通栏轮播图（950 像素），如图 5－12 所示；右侧轮播图（750 像素），如图 5－13 所示；左侧轮播图（190 像素）。

（3）轮播海报设计要点：制作全屏轮播海报时要保证其在构图方式、色彩搭配、字体应用等方面风格一致，整体画面保持简洁美观、主题突出。此外，由于用户的屏幕分辨率不同，每个用户看到的界面会有所差异。为了保证不同分辨率的用户在观看轮播海报时，都能看全面、看清晰，在轮播海报的设计中，应将主要产品及文案信息尽可能地居中显示。

图 5－11

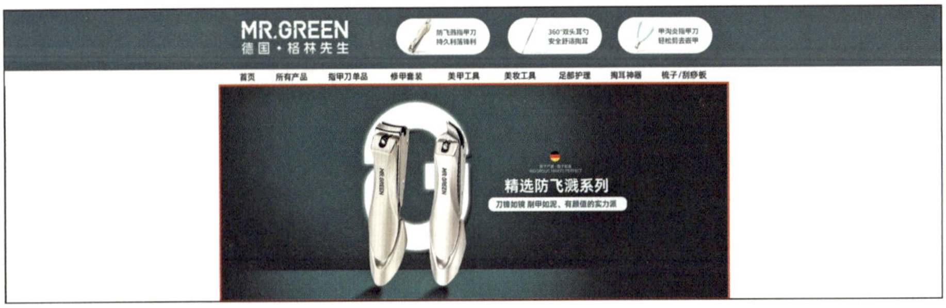

图 5－12

图 5－13

2. 轮播海报的设计制作

为了能够掌握并熟悉首页海报的常用尺寸、特点及展现手法，独立设计出符合要求的首页海报图，现以一专营日化产品的店铺为例，根据其提供的素材，制作一幅海报图，如图 5－14 所示，其具体操作如下。

图 5－14

步骤 1 新建一个宽为 1 920 像素、高为 1 060 像素、72 分辨率的空白画布，命名为“首页海报”（文件名称可以随意指定，不过建议命名时选取简单易记忆、好识别的名称）。打开“背景素材”，将“背景素材”移入画布，按 Ctrl+T 组合键，调整背景素材至合适大小。

步骤 2 按 Ctrl+O 组合键，打开“点缀”素材，将素材移入画布右上角，并调整该图层的不透明度为 50%，如图 5－15 所示。

图 5－15

步骤 3 按 Ctrl+O 组合键，打开“产品”素材，选择魔棒工具，单击白色背景，按 Ctrl+Shift+I 组合键进行反选，选中产品后将其移入画布中，并调整至合适位置和大小，如图 5－16 所示。

图 5－16

步骤 4 选择产品图层，按 Ctrl+J 组合键复制图层，将复制图层重命名为“阴影”。选择“阴影”图层，按 Ctrl+T 组合键，将鼠标置于图像中，单击鼠标右键，选择垂直翻转，并将其移入合适的位置后单击回车键。按 Ctrl 键并单击“阴影”图层图标，将其载入选区，单击图层蒙版，由上至下填充透明色至黑色渐变，制作自然的倒影效果，如图 5－17 所示。

图 5－17

步骤 5 新建图层并命名为“底边”，选择矩形选框工具，绘制矩形，并填充为红色（RGB 的值分别为 116、12、13），填充好颜色后的效果如图 5－18 所示。

图 5－18

步骤 6 选择文字工具，撰写文案“集美们买它买它！|狂欢盛典”，设置字体为“阿里巴巴普惠体”，大小为 55 点、加粗，颜色设置为橙色（RGB 的值分别为 245、203、153），如图 5－19 所示。

图 5－19

步骤 7 选择文字工具，撰写文案“呵护肌肤 重建屏障”，更改字号为 123 点，点击 Ctrl+ 回车键退出编辑状态，添加“渐变叠加”图层样式，将渐变色设置为由深（RGB 的值分别为 222、165、98）到浅（RGB 的值分别为 249、223、192）的橙色，角度设置为 90 度，效果如图 5－20 所示。

图 5－20

步骤 8 继续选择文字工具，撰写文案“买两瓶送一瓶”，更改字号为 51 点，如图 5－21 所示。

图 5－21

步骤 9 新建图层并命名为“边角”，选择矩形选框工具，按 Shift 键绘制正方形，选择“编辑—描边”命令，为选区添加 8 像素、橙色（RGB 的值分别为 244、211、173）描边，如图 5－22 所示。

图 5－22

步骤 10 选择多边形套索工具，将正方形的右边和下边选中，按 Del 键删除选区，效果如图 5－23、图 5－24 所示。

图 5－23

图 5－24

步骤 11 选择“边角”图层，按 Ctrl+J 组合键，复制图层，按 Ctrl+T 组合键，将副本图层旋转 180 度，并将两个边角移动至合适位置，效果如图 5－25 所示。

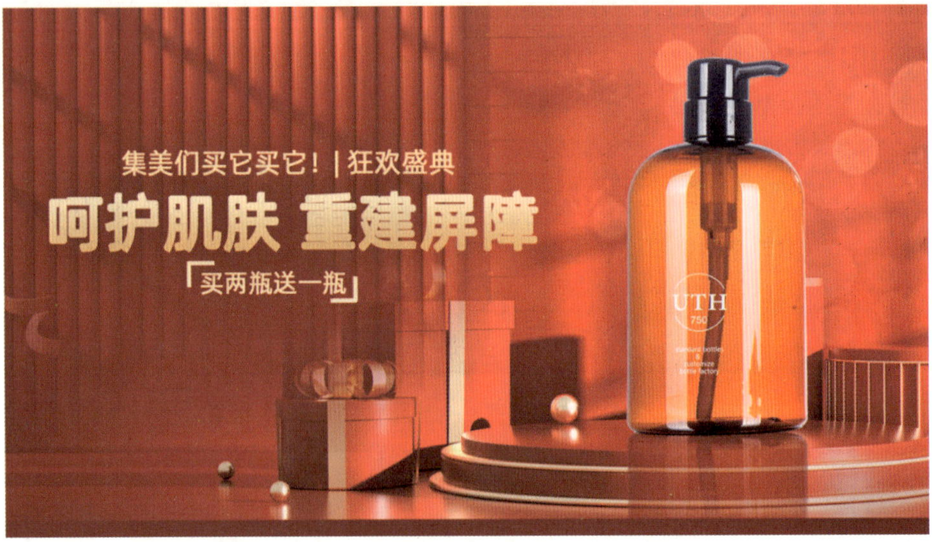

图 5－25

步骤 12 新建图层并命名为“文案底色”，选择矩形选框工具，绘制矩形。选择渐变工具，设置为深橙（RGB 的值分别为 224、160、83）、浅橙（RGB 的值分别为 252、216、174）、深橙（RGB 的值分别为 224、160、83）的三色渐变，如图 5－26 所示。

图 5－26

步骤 13 点击图层样式，为矩形添加“斜面和浮雕”效果，各参数设置如图 5－27 所示，图层效果如图 5－28 所示。

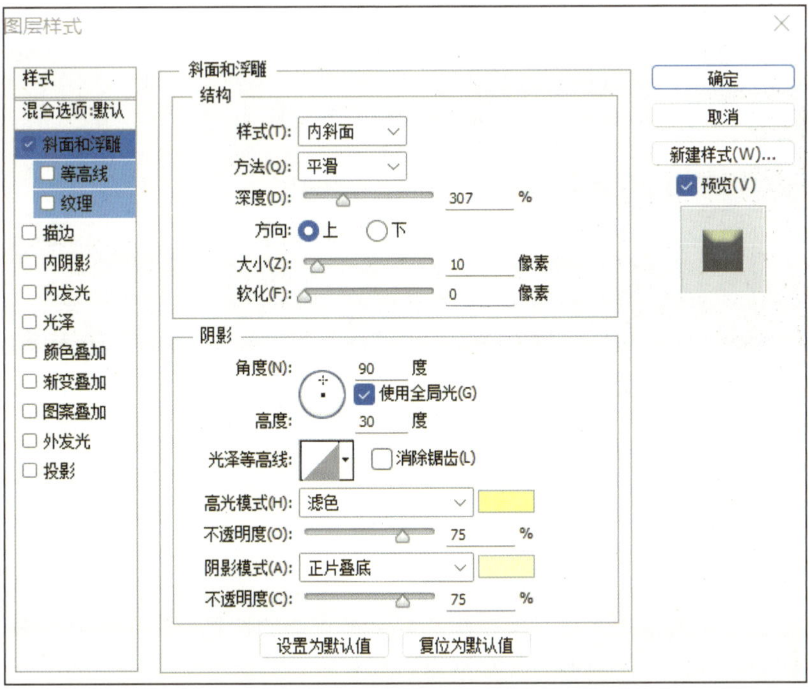

图 5－27

图 5－28

步骤 14 选择文字工具，撰写文案“领券立减 10 元 >”。更改字号为 55 点，文字颜色更改为红色（RGB 的值分别为 185、14、20），最终效果如图 5－29 所示。

图 5－29

5.2.3 优惠券的设计制作

1. 优惠券的设计规范

优惠券一般位于海报的下方，设置优惠券时最重要的信息通常是优惠面额，这也是顾客最关注的信息。此外，还需要对其他的必要信息进行完善，如优惠券的使用范围、使用条件、使用时间等。

（1）优惠券的使用范围：明确优惠券的使用范围和使用方式，如是全店通用，还是仅限店内的单款、新品或者某系列商品使用。明确优惠券的使用范围可以限定消费对象，起到引导店铺流量走向的作用。

（2）优惠券的使用条件：如全场购物满 168 元可以使用 10 元优惠券、满 288 元可以使用 20 元优惠券。限制优惠券的使用条件，可以在刺激顾客消费的同时最大限度地保证利润空间。

（3）优惠券的使用时间：如果店铺开展短期推广，一般应设置优惠券的到期时间以接近消费周期为佳，该周期一般为 1 个月。若是做促销活动，那么优惠券的使用周期为对应的促销天数。限制使用时间可以让顾客产生过期浪费的心理，提高顾客的转化率。

2. 优惠券的设计与制作

优惠券的样式多种多样，尺寸上也没有具体的要求，只需要符合店铺整体风格调性即可，下面介绍优惠券的设计与制作步骤。

步骤 1 首先打开 Photoshop 软件，新建一个 1 920 × 500 像素、分辨率为 72 像素 / 英寸的空白画布，并填充画布为红色。选择矩形工具，在工具属性栏中，将样式设置为“固定大小”，矩形的长和宽分别设置为 1 020 像素、350 像素，绘制矩形，并填充矩形为白色。选中当前的两个图层，切换至移动工具，单击工具属性栏中的“水平居中对齐”，效果如图 5－30 所示。

图 5－30

步骤 2 选择圆角矩形工具，绘制圆角矩形，设置圆角矩形的大小为 180 × 220 像素，半径为 20 像素，无填充，描边粗细为 2 像素，描边颜色设置为与背景相同的红色，效果如图 5－31 所示。

图 5－31

步骤3 选择文字工具，撰写人民币符号“¥”，并将其设置为“微软雅黑”字体，30点大小，颜色设置为与背景相同的红色。选择文字工具，撰写数字“5”，更改字体为“光华大黑”，字号更改为110点。调整文字至合适的位置，效果如图5－32所示。

步骤4 选择文字工具，撰写文案“满58元使用”，字体更改为“微软雅黑”，字号更改为20点，如图5－33所示。

图5－32

图5－33

步骤5 选择矩形工具，绘制矩形，选择与背景相同的红色进行填充。选择文字工具，撰写文案“点击使用”，设置文字的颜色为白色，字号为18点，加粗文字。同时选中“矩形”图层、“满58元使用”和“点击使用”文案图层、圆角矩形图层，单击移动工具属性栏中的“水平居中对齐”，效果如图5－34所示。

步骤6 创建组，命名为“5元优惠券”，将优惠券涉及的所有图层拖入组中，按Ctrl+J组合键，复制组，更改名称为“10元优惠券”，并移动至合适的位置。更改优惠券中的文案信息并重新调整至合适的位置，效果如图5－35所示。

图5－34

图5－35

步骤7 选择10元优惠券所在的组，按两次Ctrl+J组合键，并分别将副本重命名为“20元优惠券”和“50元优惠券”，同时更改为对应的文本信息。同时选中4个组，设置“居中对齐”和“水平居中均匀分布”，如图5－36所示。

图 5－36

步骤 8 选择文字工具，撰写文案“先领券 再购物”，设置字体为“微软雅黑”，字号为 35 点，如图 5－37 所示。

图 5－37

步骤 9 选择直线工具，描边设置为 2 像素、无填充、白色，按 Shift 键绘制直线，按 Alt 键同时拖拽直线进行复制，调整两条直线至合适位置，最终效果如图 5－38 所示。

图 5－38

5.2.4 商品陈列展示区设计

商品陈列展示区可以帮助消费者快速地了解店铺宝贝，也会影响消费者的购买决策，因此，商品陈列展示区是首页非常重要的一个模块。

1. 商品陈列展示模块设计要求

（1）商品类别要明确：在对商品进行陈列展示时，最好进行分类展示，这样可以使商品显得更加丰富、整洁、美观且容易刺激消费者的购物欲望。

（2）要突出商品的价格和购买按钮：在对商品进行陈列展示时，对于价格和购买按钮最好能够突出显示，通常可以采用放大、加粗或者使用对比色等方法，如图 5－39 所示。

图 5－39

2. 商品陈列展示模块设计制作

以一家家具店的商品陈列为例，商品陈列区分为上架新品和掌柜推荐模块，下面介绍具体制作过程。

步骤 1 首先，打开 Photoshop 软件，新建一个尺寸为 750×350 像素、分辨率为 72 像素 / 英寸的空白画布。设置前景色为红色，选择文字工具，撰写文案“上架の新品”，设置字号为 28 点，选择电脑中的圆体类字体。继续撰写文字“精品好物 把温暖带回家”，并将文案设置为“微软雅黑”字体，字号设置为 16 点，文字颜色设置为灰色。选择直线工具，设置直线粗细为 1 像素，填充颜色为灰色，无描边，按 Shift 键绘制直线。按 Ctrl+J 组合键复制直线图层，并调整两条直线至合适的位置，效果如图 5－40 所示。新建组，命名为“标题 1”，将除背景以外的所有图层拖入“标题 1”组中。

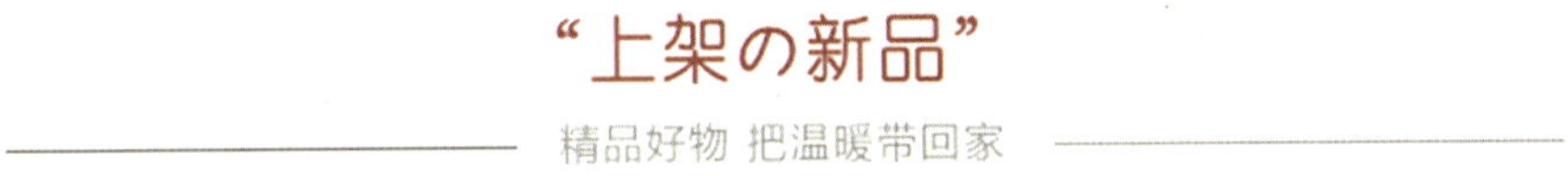

图 5－40

步骤 2 新建图层，选择矩形选框工具，绘制矩形，将前景色设置为灰色，按 Alt+Del 组合键，以前景色填充矩形。拖入一条垂直方向的参考线至矩形的中间，按 Ctrl+D 组合键取消选区。选择钢笔工具，沿着矩形下方边缘绘制三角形，按 Ctrl+Enter 组合键，将路径转化为选区，按 Del 键删除三角形区域，效果如图 5－41 所示。

步骤 3 导入素材“家具 1”，按 Alt 键，在“家具 1”与下方图层中间的位置单击鼠标，生成剪贴蒙版，效果如图 5－42 所示。

步骤 4 选择文字工具，撰写文案“沙发系列”，字体设置为“微软雅黑”，文字颜色设置为深灰色，字号设置为 22 点。继续撰写文字“SOFA SERIES”，字体设置为“Arial”，文字颜色设置为浅灰色，字号设置为 12 点。效果如图 5－43 所示。

图 5－41

图 5－42

图 5－43

步骤 5 选择“矩形工具”，绘制矩形，描边设置为无填充、黑色、1 像素，并移动至合适位置，效果如图 5－44 所示。

步骤 6 新建图层，选择钢笔工具，绘制“尖角路径”，将前景色设置为红色，切换至路径面板，单击路径面板下方的“用画笔描边路径”按钮，效果如图 5－45 所示。

图 5－44

图 5－45

步骤 7 新建组，命名为“沙发系列”，将步骤 2 至步骤 6 中的所有图层拖入“沙发系列”组中，按 Ctrl+J 组合键 2 次，复制 2 组副本，移动至合适位置，分别重命名为“灯具系列”“床品系列”，并更改相应的图片素材和文案内容，效果如图 5－46 所示。

图 5－46

步骤 8 新建图层，选择矩形选框工具，按 Shift 键绘制正方形，填充任意颜色，按 Ctrl+D 组合键取消选区。导入素材“家具 4”至上方图层，按 Alt 键，在“家具 4”图层和“正方形”图层中间单击鼠标，形成剪贴蒙版效果，如图 5－47 所示。

步骤 9 选择文字工具，撰写文案“¥120.00”，设置文字的字体为“微软雅黑”，文字大小为 33 点，文字颜色设置为红色。继续撰写文字“¥249.99”，更改文字颜色为浅灰色并设置删除线，更改字号为 26 点，如图 5－48 所示。

图 5－47

图 5－48

步骤 10 选择文字工具，撰写文案“立即购买”，设置文字颜色为红色，字体设置为“微软雅黑”，字号设置为 20 点。选择圆角矩形工具，绘制圆角矩形，半径值设置为 20，描边设置为无填充、1 像素、黑色，并移动至合适位置，效果如图 5－49 所示。

图 5－49

步骤 11 新建组，命名为“新品展示 1”，将步骤 8 和步骤 10 中的所有图层移入“新品展示 1”组中，按 Ctrl+J 组合键 3 次复制组，将三个副本移动至合适位置，并分别重命名为“新品展示 2”“新品展示 3”“新品展示 4”，更改相应的图片素材和文案内容，效果如图 5－50 所示。

图 5－50

步骤 12 选中组“标题 1”，按 Ctrl+J 组合键复制组，重命名为“标题 2”，移动至合适位置，并更改文案内容，效果如图 5－51 所示。

“掌柜の推荐”

精品好物 把温暖带回家

图 5－51

步骤 13 选择矩形工具，按 Shift 键绘制正方形，描边设置为无填充、黑色、1 像素。新建图层，将前景色设置为红色，选择矩形工具，绘制矩形，设置为无描边，效果如图 5－52 所示。

步骤 14 新建图层，选择矩形工具，按 Shift 键绘制正方形，填充任意颜色。导入素材“家具 8”至上方图层，按 Alt 键创建剪贴蒙版，效果如图 5－53 所示。

图 5－52

图 5－53

步骤 15 选择文字工具，撰写文案“生活有好物相伴”，设置文字字体为“阿里巴巴普惠体”，字号为 20 点，文字颜色为深灰色。继续选择文字工具，撰写价格文案“¥1920.00”和“¥2249.99”，并按照步骤 8 设置文字样式，效果如图 5－54 所示。

生 活 有 好 物 相 伴

¥1920.00 ~~¥2249.99~~

图 5－54

步骤 16 选择文字工具，撰写文案“清新绿简约套装沙发”，设置文字字体为“微软雅黑”，字号为 26 点，文字颜色为深灰色，按 Ctrl+Enter 组合键退出文字编辑状态。再次选择文字工具，撰写价格文案“收藏商品 退货包运费”，并更改字号为 22 点，更改文字颜色为浅灰色，按 Ctrl+Enter 组合键退出文字编辑状态。继续选择文字工具，撰写文案“已拼 3 万件”，更改字号为 25 点。效果如图 5－55 所示。

生 活 有 好 物 相 伴

¥1920.00 ~~¥2249.99~~

清新绿简约套装沙发

收藏的商品 退货包运费

已拼3万件

图 5－55

步骤 17 选择文字工具，撰写文案“立即购买”，设置文字颜色为红色，字体设置为“微软雅黑”，字号设置为 20 点。选择圆角矩形工具，绘制圆角矩形，半径值设置为 20，描边设置为无填充、1 像素、黑色，并移动至合适位置，完整效果如图 5－56 所示。

图 5－56

步骤 18 新建组，命名为“掌柜推荐 1”，将步骤 13 和步骤 17 中的所有图层移入“掌柜推荐 1”组中，按 Ctrl+J 组合键 2 次复制组，将副本移动至合适位置，并分别重命名为“掌柜推荐 2”“掌柜推荐 3”，更改相应的图片素材和文案内容，以及素材位置，效果如图 5－57 所示，商品陈列展示模块完整效果如图 5－58 所示。

图 5－57

“上架の新品”
精品好物 把温暖带回家
沙发系列
灯具系列
床品系列
¥120.00 ¥249.99
立即购买
¥520.00 ¥832.99
立即购买
¥230.00 ¥469.99
立即购买
¥450.00 ¥639.99
立即购买
“掌柜の推荐”
精品好物 把温暖带回家
生 活 有 好 物 相 伴
¥1920.00 ¥2249.99
清新绿简约套装沙发
收藏的商品 退货包运费
已拼3万件
立即购买
生 活 有 好 物 相 伴
¥480.00 ¥576.99
温柔黄简约儿童帐篷
收藏的商品 退货包运费
已拼2万件
立即购买
生 活 有 好 物 相 伴
¥1150.00 ¥2249.99
气质黑现代收纳电视柜
收藏的商品 退货包运费
已拼4万件
立即购买

图 5-58

5.2.5 店铺首页尾区设计

页尾位于店铺的最后一屏，一般用于放置店铺的收藏区、手机店铺的二维码、礼品或者购物须知和店铺公告等内容，其目的在于加强品牌记忆，给顾客购物安全感，希望顾客下次光临。系统提供的页尾模块过于普通，为了使页尾的作用发挥到极致，可以根据店铺需要进行相应的设计。图 5 – 59 所示为 H&M 旗舰店的页尾效果。

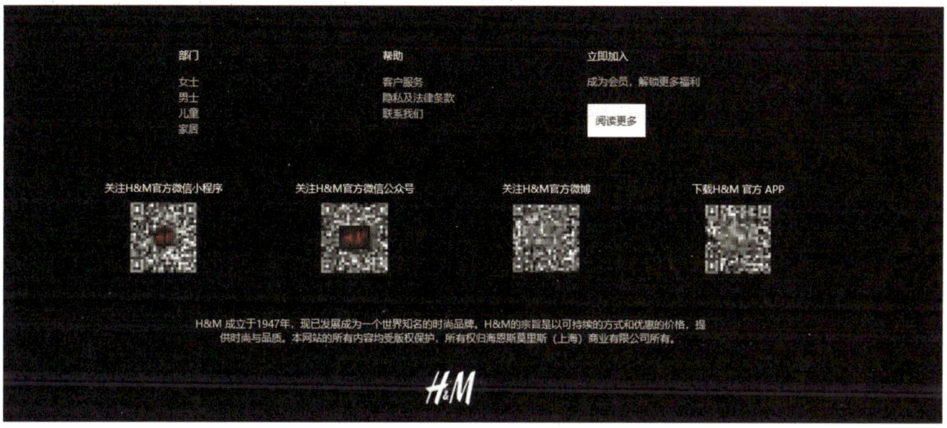

图 5 – 59

1. 店铺页尾模块设计要求

页尾内容比较灵活，通常采用简短文字、具有代表性的图标来传达相关的信息。店铺底部导航包括如下信息：

（1）产品的分类，便于顾客再次浏览网页。

（2）返回顶部的文字或者按钮，当店铺页面过长时，添加返回顶部的文字或按钮可以快速跳转到页面顶部，从而方便顾客反复浏览网店。

（3）收藏、分享店铺，在页尾添加收藏与分享店铺的链接，可以方便顾客快速收藏或分享店铺，尽量留住顾客。

（4）温馨提示，如发货须知、关于色差、关于售后等信息，以便于帮助顾客快速解决购物过程中的问题。

2. 店铺页尾模块设计制作

页尾作为页面中必不可少的板块，是首页不可缺少的部分。下面将制作页尾，效果如图 5 – 60 所示，其具体操作如下：

步骤 1 首先，打开 Photoshop CS6 软件，新建一个宽为 950 像素、高为 420 像素、分辨率为 72 的空白画布，如图 5 – 61 所示。

步骤 2 打开拾色器，设置前景色为黑色，填充画布，并拖入素材“欢乐购”，按住 Ctrl+T 组合键，利用自由变换工具调整至合适大小，效果如图 5 – 62 所示。

图 5－60

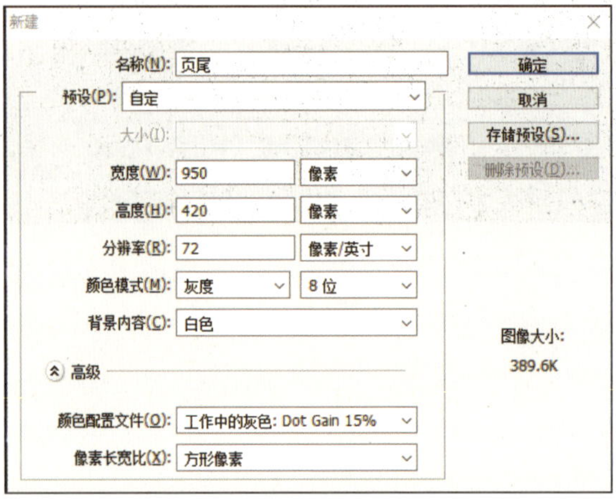

图 5－61

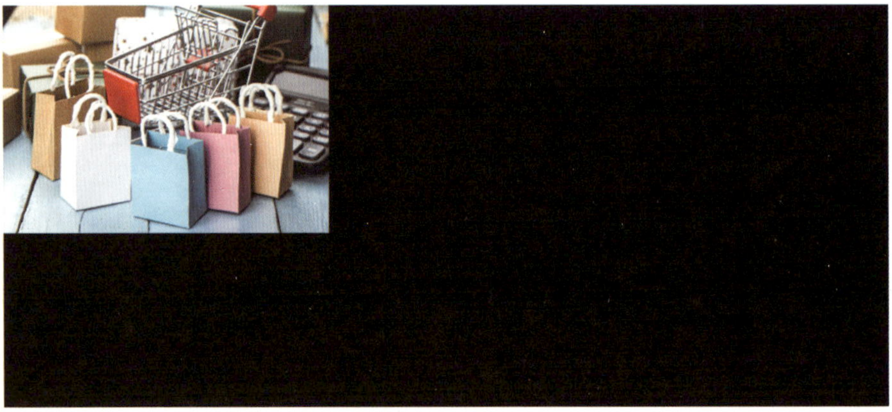

图 5－62

步骤 3 打开文字工具，设置成黑体字、加粗，字号为 44 点，颜色为白色，撰写文字“扫一扫”和“尽享手机优惠！”，并调整好文字位置，效果如图 5－63 所示。

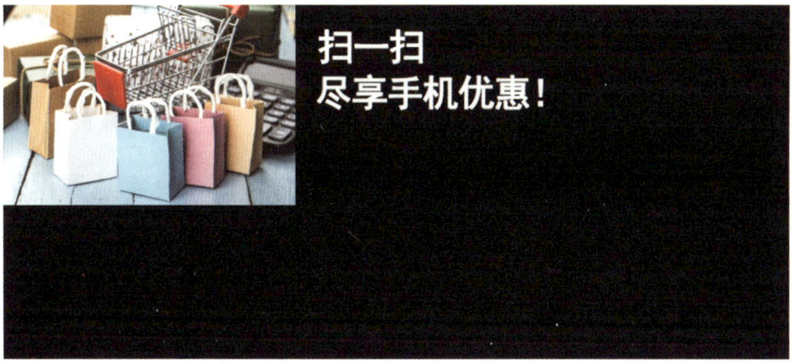

图 5－63

步骤 4 调整字号大小至 14 点，撰写文字“打开手机淘宝，立刻扫描二维码！”和“关注 E-ABC 官方微淘，互动好礼享不停！”，并调整好文字位置。接下来在文字前方绘制序号。选择椭圆选框工具，按住 Shift 键画正圆，圆的大小需和文字大小相匹配，并填充为白色。更改文字颜色为黑色，在白色圆形上面撰写数字 1，用同样的方法，在第二行文字前制作数字 2 的序列号，效果如图 5－64 所示。

图 5－64

步骤 5 打开二维码素材，并拖入画布的右上方，调整好合适的位置和大小，效果如图 5－65 所示。

图 5－65

步骤6 新建空白图层，选择画笔工具，设置大小为5像素，沿着左侧图形底边绘制白色实线。然后打开画笔面板，调整画笔间距，使之变成虚线，在靠近二维码的区域垂直方向绘制虚线，效果如图5-66所示。

图5-66

步骤7 新建空白图层，选择矩形选框工具，绘制矩形，并填充为白色。选择文字工具，设置为黑体12号字、黑色，在白色矩形上撰写文字“查看VIP优惠”。效果如图5-67所示。

图5-67

步骤8 选择自定义形状工具，在自定义形状工具的属性中，选择▶形状，并绘制在“查看VIP优惠”文字的后方，效果如图5-68所示。

图5-68

步骤 9 选择文字工具，设置为黑体字、24 点、加粗、白色效果，撰写文字“E-ABC欧美时尚女装旗舰店”，并调整至合适位置，效果如图 5－69 所示。

图 5－69

步骤 10 在文字“E-ABC 欧美时尚女装旗舰店”下方绘制白色实线，效果如图 5－70 所示。

图 5－70

步骤 11 选择文字工具，设置为华文细黑、24 点、白色效果，撰写文字“返回首页”“上新推荐”“所有宝贝”“会员制度”“品牌展示”“收藏我们”，同时选中以上文字图层，调整至水平居中分布、上对齐，然后调整至合适位置。用同样的方法，撰写以上文字对应的英文，效果如图 5－71 所示。

图 5－71

本章小结

网店首页代表了网店的形象。作为门面担当，首页页面设计的美观性不仅可以激发顾客的购买欲，对转化率也有很大影响。本章介绍了网店首页模块的视觉设计方法及技巧，包括店招、轮播海报、优惠券、宝贝推荐模块、页尾的设计与制作。

实训活动

实训内容：自选一女装类网店，重新为其设计店铺首页。

实训目的：练习网店首页的视觉设计与制作。

实训要求：

1. 根据店铺、产品的特性，设计以品牌宣传、活动促销或产品推广为主题的店招，店招尺寸为 950×120 像素。

2. 设计并制作全屏海报，尺寸为 1 920×600 像素。

3. 设计并制作页尾区域，宽度为 950 像素，高度不限。页尾内容应包括但不限于：引导收藏、联系方式。

4. 要求整体风格一致，形式美观，和产品、店铺定位相匹配。

思考与练习

1. 店铺首页常用的模块有哪些？

2. 如何保证在店铺装修的过程中，各个模块的风格一致？

06 第 6 章　商品详情页的设计制作

本章导读

详情页是网店的重要板块。一个好的商品详情页就像实体商品专卖店里一个优秀的销售员，在网店中起着至关重要的作用。在详情页的设计过程中需要掌握一些设计要点才能制作出符合顾客需求的详情页，从而促进转化率的提升。本章将对商品详情页的设计要点做详细介绍。

学习目标

知识目标

1. 了解商品详情页设计的重要性；
2. 熟悉商品详情页的设计思路；
3. 掌握商品详情页的设计要点与技巧。

能力目标

1. 能够抓住不同商品的特点设计出别具一格的商品详情页；
2. 能够熟练制作焦点图、功能图、展示图、细节图等。

素养目标

1. 培养对详情页内容的总结、分析、规划能力；
2. 提升对详情页内容的布局和展现能力。

6.1 商品详情页及其设计思路

商品详情页是提高网店转化率的重要入口，是网店中最容易与消费者产生交集的页面。商品详情页就是用图文混排的视觉语言传达商品的特性与属性，对网络消费者购买行为产生影响，因此，商品详情页需要同销售专员一样从消费者的需求出发，站在消费者的角度想问题。

6.1.1 认识商品详情页

商品详情页也叫宝贝描述页，顾名思义，指淘宝、京东等电子商务平台中对所售商品以图片、文字、视频等各种手段进行展示的表现形式，如图 6－1 所示。

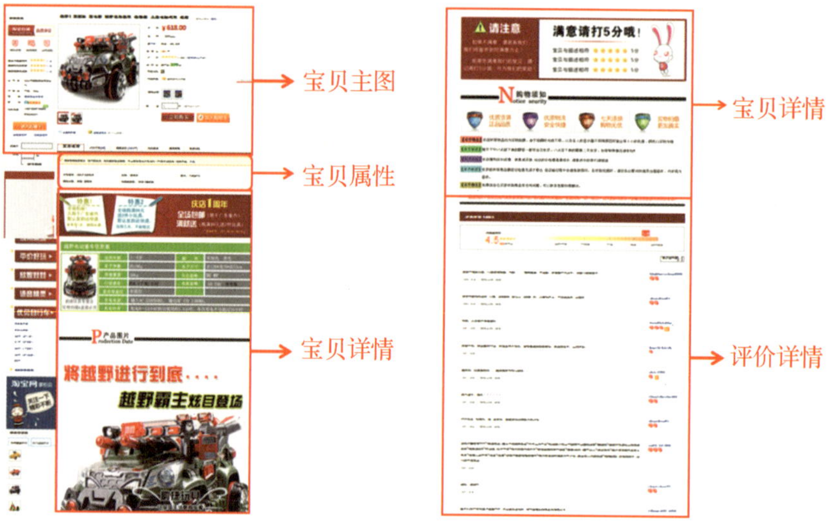

图 6－1

6.1.2 商品详情页的作用

详情页就像详细的产品说明书，顾客可以通过浏览页面了解产品信息；详情页还是产品的形象展示，顾客通过浏览页面能够直观看到产品的整体形象、细节、构造等。

一个严谨的详情页，是带有驱使性的直观阐述，能够使顾客在停留的短短时间里产生购买欲望，优化宝贝详情页能有效提升网店转化率。具体来讲，在详情页的设计中，应达到以下目标：

（1）引发顾客的兴趣，激发顾客的消费欲望。

（2）通过详情页图片和文字介绍让顾客全面了解产品。

（3）树立顾客对商品的信任感，打消消费疑虑，促使下单。

（4）降低服务成本，提升客单价。

6.1.3 商品详情页的规格

各个电子商务平台的商品详情页的规格略有不同，有各自的尺寸和标准，主流平台详情页图片的建议尺寸如表 6－1 所示。

表 6－1　主流平台详情页图片的建议尺寸

电商平台	详情页建议图片宽度 / 像素	详情页单张图片高度
淘宝网	≤ 750	≤ 1 500 像素
天猫商城	≤ 790	≤ 1 500 像素
京东商城	≤ 790	自定义
速卖通	≤ 710	自定义

淘宝网官方对详情页图片的建议：电脑端宝贝描述页面图片大小建议不超过 2MB，图片宽度不超过 750 像素，支持 jpg、jpeg、png、gif 格式。手机端上传图片格式要求尺寸：宽度 480 ～ 1 242 像素，高度小于等于 1 546 像素，仅支持 jpg、png、gif 格式（建议尽量使用静态图片）。一个宝贝详情页中的图片、音频和文字，总大小不能超过 2 560KB。

6.2 商品详情页的制作要点

6.2.1 详情页前期策划

商品详情页是电子商务平台中顾客最为关注的页面，商品详情页不仅要展示商品图片和内容，更要营造一种氛围，使顾客愿意下单购买商品。

1. 商品信息收集

在制作商品详情页之前，需要仔细阅读厂家提供的产品介绍资料或者在互联网查询类似商品的参考数据，了解商品的名称、颜色、尺寸、重量等基本属性信息，如表 6－2 所示。

表 6－2　商品的参考数据

序号	属性	序号	属性
1	名称	5	重量
2	材质	6	适用范围
3	颜色	7	功能
4	用途	8	注意事项

2. 竞品市场调研

在众多的网络商品以及商家面前，顾客会对他感兴趣的东西进行挑选、对比，然后再确定购买，因此制作商品详情页就要在众多商品中，找到与自己属性差不多的商品进行对比分析。通过查看同类同档次且销量在前 10 的宝贝详情页，收集表 6－3 中的信息。

表 6－3　收集信息

序号	收集信息	序号	收集信息
1	主要卖点	5	售后服务
2	细节特写	6	独特好评
3	基本属性	7	独特差评
4	页面风格	8	评价追评

3. 商品卖点挖掘

商品的卖点是指商品具备的与众不同的特色、特点。

商品的卖点就是吸引顾客购买商品的理由，没有卖点的详情页只会让进入店铺的流量白白浪费掉。如果挖不出商品卖点，触及不到顾客痛点，商品再好也无法销售出去。通常我们采用 FAB 法进行商品卖点挖掘，如图 6－2 所示。

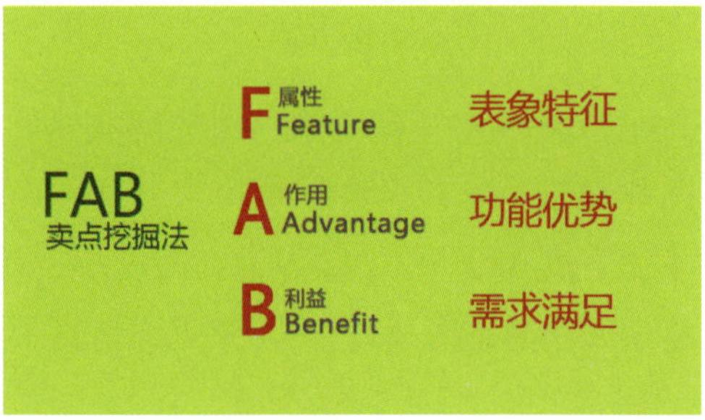

图 6－2

（1）FAB 卖点挖掘法：F 是单词 Feature 的首字母，表象特征的意思，也叫属性；A 是单词 Advantage 的首字母，表示功能或优势的意思，是由前面一个要素 F 属性延伸出来的，也叫作用；B 是单词 Benefit 的首字母，是满足需求或者有好处，即有益处的意思，也叫利益。利益是根据前两个要素，立足于顾客的需求得出来的。

（2）从产品概念提炼：一个完整的产品概念是立体的，包括核心产品、形式产品、期望产品、延伸产品和潜在产品 5 个层次。核心产品是指产品的使用价值，是产品概念中必不可少的部分。比如空调，调节温度就是其核心产品。人们对空调的需求，其实并不是挂机或者柜机这个形式的需求，而是对凉爽和温暖的需求。形式产品是指产品的外在表观，往往是核心价值的外在承载，包括产品的质量、式样、包装等。期望产品是指顾客购买某种产品时，所希望和默认的一组产品属性和条件。一般情况下，顾客在购买某种产品时，往往会根据以往的消费经验和企业的营销宣传，对所欲购买的产品形成一种期望，如住旅店的客人，期望的是干净的床、香皂、毛巾、热水、电话和相对安静的环境等。延伸产品是指产品的附加价值，比如送货上门、安装、保修等。潜在产品是指现有产品包括所有附加产品在内的，可能发展成为未来最终产品的潜在状态的产品，如图 6－3 所示。

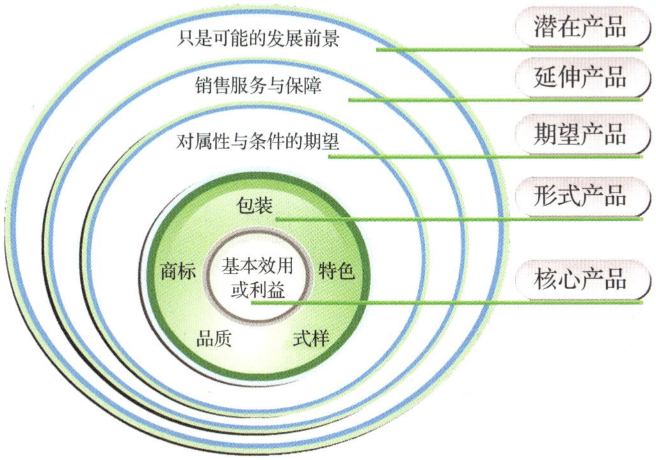

图 6－3

（3）商品素材整理：素材收集是商品详情页制作过程中重要的环节。收集素材可以参考前期市场调研时的页面，这个参考并不是让大家抄袭，而是取其精华、去其糟粕，形成大概思路和框架，然后再去收集和整理相关素材。

商品详情页制作过程中，一般需要收集的素材包括：经过美化处理的白色背景图、商品场景图、模特图、细节图等，还有互联网上收集相关商品时搜索到的网络素材等，如图 6－4 所示。

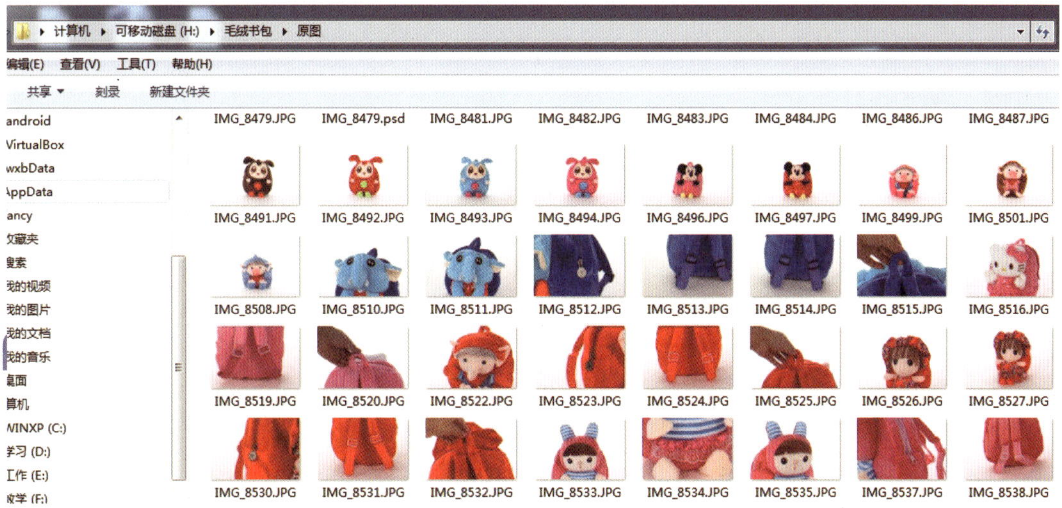

图 6－4

6.2.2 详情页设计思路

商品详情页的设计制作是商品信息采编的重要环节，详情页设计要根据对消费者的分析、自身产品卖点的提炼，以及商品风格的定位，进行配色、字体选择、排版等，另外还要烘托出符合商品特性的氛围。

1. 确定页面风格

页面风格主要是根据产品本身来定的，通过分析产品的属性、产品的功能以及客户人群，最后确定页面风格。如图 6－5 中的产品，产品名称：儿童卡通毛绒书包；使用人群：2 ～ 4 岁儿童；颜色特征：鲜艳亮丽。根据这些信息，我们把页面风格定位为：可爱。

图 6－5

2. 构建内容框架

网上销售产品其实和实体店销售产品有很多的相同之处，所以在设计宝贝详情页时，可以先想象一下，如果这款产品是在实体店销售，客户的购物环节是怎么样的。依然以儿童卡通毛绒书包为例，顾客想在超市里为宝宝购买一个小书包，走进超市老远就看到一个书包很好看，正是顾客想要的那种，这相当于顾客在店铺里看到的是它的整体图片，是整体图片引发了顾客的兴趣。

接下来，顾客会走过去拿起来看，看它的外观、材质等，这个时候就相当于顾客在店铺里看它的细节图。如果顾客觉得它的细节做得到位，就会问导购员，了解书包的适用年龄、书包容量等，这相当于顾客在店铺里看它的产品介绍文字。如果容量、适用年龄等细节也符合顾客的要求，那么就会激发顾客的潜在需求。

当顾客产生潜在需求后，可能会去了解它的售后服务，是不是可以提供退换货等。那么在淘宝上，顾客可能会关心它的客服是不是可以解答一系列产品问题。完善的售后服务会让顾客从信任到信赖。

此时，导购员还会告诉顾客该产品的公司实力、品牌等，增加顾客的信任度，让顾客从信赖到强烈地想“占有”。这个时候顾客已经很动心了，但是对于如此快的购物，可能内心还有一点点迟疑，如果导购员现在对顾客说：“这个书包原价 84 元，现在做活动卖 49 元，活动结束就恢复原价。”此时的促销就会让顾客产生紧迫感，尽快购买。

这就是一个线下导购员实现成交转化的步骤，虽然线上有一定的被动性，不能主动联系顾客去介绍产品，但可以模拟这种逻辑顺序。宝贝描述的逻辑顺序很重要。

根据上述案例中整理的成交转化步骤，详情页可以通过 13 个逻辑关系来设计，具体内容及顺序如下：

（1）焦点图——引发兴趣。

（2）目标客户群设计——买给谁用，自己能不能使用。

（3）场景图——激发潜在需求。

（4）商品细节——逐步信任。

（5）为什么购买——好处设计、痛点设计。

（6）同类商品对比——为什么选择我的产品。

（7）顾客评价、第三方评价——产生信任。

（8）购后的感觉塑造——给顾客一个 100% 购买的理由。

（9）给顾客购买理由——送恋人、孝敬父母、送领导、送朋友等。

（10）发出购买号召——为什么立刻购买。

（11）品牌介绍。

（12）购买须知——邮费、发货、退货等。

（13）关联推荐。

以上逻辑关系是通用的模板，不同行业、不同产品也需结合自身情况来具体分析和设计。以儿童卡通毛绒书包为例，根据前期市场调研以及产品的自身特点，从消费者心理学的角度分析，把儿童卡通毛绒书包的详情页分割成 6 个部分，并形成布局框架。具体如图 6－6 所示。

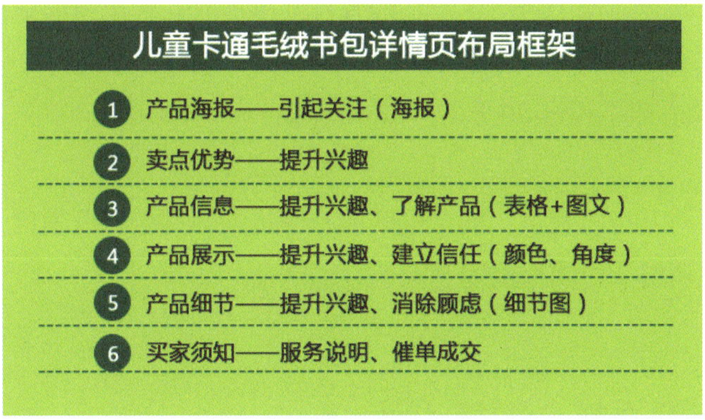

图 6－6

3. 确定配色方案

在店铺已经有视觉规范的情况下，可以沿用已有的配色方案。在没有视觉规范，无从下手的时候，可利用以下几种配色的技巧：

（1）从 Logo 提取，从 Logo 提取配色方案比较适合已有店铺 VI（视觉识别）系统或者线下的知名品牌。

（2）从产品本身或者行业属性提取，比如医疗行业可选取蓝色作为主色，家具行业可选取绿色作为主色。

（3）从产品的联想属性提取，比如婴幼儿产品，为了凸显宝宝的可爱、纯洁，多选用粉色和纯净的浅蓝色。

4. 选择合适的字体

文字在详情页中起到对商品及活动等信息的解释和说明的作用，合适的字体选择能够方便顾客阅读并起到对重要信息引导的作用。文字会在整个内页中从上到下延续使用，所以了解文字使用规范至关重要。具体规范内容如下：

（1）一般不超过 3 种字体。

（2）重点部分要突出显示，注意文字大小、粗细、疏密的对比。

（3）字体颜色的选择不宜过于复杂，避免影响阅读。

（4）字体选择要符合产品的定位。

（5）字号一般要大于 12 号。

5. 页面上线

制作完成的商品详情页面，需要相关部门进行审核。如果不符合运营要求，再进行局部修改；如果通过审核，就可以进入发布流程。发布之前需要对整个页面进行校稿，校稿主要是检查是否有错别字、多字漏字和违禁词等，确保无误。

页面通过审核以后需要上传到电商平台，上传前一定要对详情页进行切图处理。如果整张大图直接上传发布，由于图片太大，顾客打开页面时，加载时间会很长，就会增加页面的跳失率。兼顾平台对 PC 端和移动端的要求，每张图片不超过 200KB（图片越小越便于快速呈现），图片总数不超过 20 张。

6. 修改完善

页面发布后要对其进行测试，测试电脑端、手机端页面的打开速度，结合运营相关数据对页面进行优化调整，力求页面完善。

6.3 商品详情页核心模块设计

6.3.1 商品焦点图设计

详情页的焦点图一般位于商品详情描述的上方，是为推广该款商品而设计的海报。一般由产品、主题与卖点三部分组成，目的在于吸引消费者购买该产品，其设计方法与海报的设计方法相似。下面以儿童卡通毛绒书包为例进行焦点图设计。

步骤 1 打开 Photoshop 软件，新建 750×630 像素、72 分辨率的空白画布，命名为

“焦点图”，如图 6 – 7 所示。

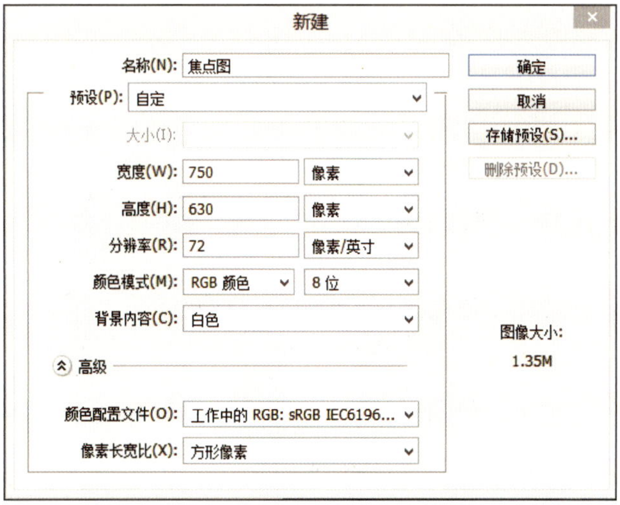

图 6 – 7

步骤 2 打开素材“背景”，并将其拖入画布，按 Ctrl+T 组合键，利用自有变换工具调整大小，效果如图 6 – 8 所示。

图 6 – 8

步骤 3 打开书包素材，利用魔棒工具抠取书包素材，并将其移至画布中，对其调整大小，排列图层顺序，效果如图 6 – 9 所示。

图 6－9

步骤 4 选择文字工具，撰写文字“萌宠来袭”，设置成圆体或其他没有棱角的圆形字体（根据自己现有的字体资源），并调整至合适大小，前两个字设置为粉色，后两个字设置为浅蓝色，效果如图 6－10 所示。

图 6－10

步骤 5 选择圆角矩形工具，绘制浅灰色圆角矩形，并在其上撰写白色文字：“萌”包来袭，效果如图 6－11 所示。

步骤 6 选择文字工具，设置为圆体类字体，深灰色，撰写“2025”，调整大小和位置，如图 6－12 所示。

图 6－11

图 6－12

6.3.2 商品基本参数设计

商品基本参数是详情页中不可或缺的一部分，不同的商品具有不同的参数，具体内容可根据同行商品进行相应的设置。商品的详情展示虽然能通过实物拍摄使顾客更直观地查看商品，但对于一些具体参数，如材质、硬度、品质等仍然无法通过图片提供信息，此时需要为商品添加参数说明，让顾客对商品有更客观的了解。商品参数展示方法多种多样，可以根据参数内容灵活多样设计。下面以儿童卡通毛绒书包为例进行商品基本参数设计。

步骤 1 选择圆角矩形工具，半径设置为 30 像素，前景色设置为玫红色，绘制圆角矩形并栅格化图层，将其转换为普通图层，命名为“圆角矩形”。选择矩形选框工具，选中左侧圆角，将其删除，效果如图 6－13 所示。

图 6－13

步骤 2 新建图层，选择矩形选框工具，绘制和圆角矩形相同高度的矩形，并填充为灰色，移动至右侧，并调整图层顺序，使其在圆角矩形图层的下方，效果如图 6－14 所示。

图 6－14

步骤 3 选择文字工具，设置为 25 号、幼圆字体、白色，撰写文字“产品信息”，再次调整文字字号为 17 号，继续撰写文字“Product information”，效果如图 6－15 所示。

图 6－15

步骤 4 打开书包素材，并将其拖入图像中，按 Ctrl+T 组合键自由变换工具调整大小，效果如图 6－16 所示。

图 6－16

步骤 5 选择文字工具，撰写书包的规格信息，一行文字一个图层，并选中所有规格信息的图层，设置为左对齐，垂直居中分布，效果如图 6－17 所示。

图 6－17

步骤 6 新建图层，选中矩形选框工具，按住 Shift 键，绘制正方形，填充为白色，选择描边图层样式，设置为黑色 2 像素，并进行描边。选择自定义形状工具，在属性栏中选择对号形状，前景色设置为红色，绘制对号图形，效果如图 6－18 所示。

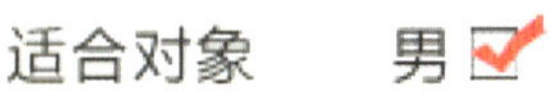

图 6－18

步骤 7 同时选中步骤 6 中的对号和矩形，按 Ctrl+E 组合键合并图层，按 Ctrl+J 组合键复制图层，并移动至文字“女”后方，最终效果如图 6－19 所示。

图 6－19

6.3.3 商品卖点设计

商品的亮点实质为商品卖点的表达形式之一，商品的亮点可以理解为商品具备的与众不同的特点。下面以儿童卡通毛绒书包的卖点设计进行展示。

步骤 1 选择钢笔工具，在焦点图的下方绘制如图 6－20 所示的形状，并填充灰色。

步骤 2 选择圆体类字体，设置为 55 点，撰写文字“一款适合 1 ～ 3 岁宝宝的背包”，其中文字“适合 1 ～ 3 岁”设置成蓝色，其余文字设置成白色，效果如图 6－21 所示。

图 6－20

图 6－21

步骤 3 拖入书包、杂志、矿泉水等素材，摆放好位置，分别按住 Ctrl+T 组合键，即利用自由变换工具来调整大小，效果如图 6－22 所示。

步骤 4 选择圆角矩形工具，在书包下方绘制圆角矩形，并填充为粉色。选择文字工具，设置为白色、32 点，撰写文案“可放下 500ml 矿泉水　A4 书本放不下哦！”，效果如图 6－23 所示。

图 6－22

图 6－23

6.3.4 商品展示设计

顾客购买商品主要看的就是商品展示的部分，在这里需要让顾客对商品有一个直观的感觉。通常，这个部分以图片为主、文案为辅。按选择的图片素材分，可将商品展示图分为摆拍图和场景图两种类型。

摆拍图能够直观地表现商品，拍摄成本相对较低，大多数卖家自己就能够实现。摆拍图的基本要求就是能够把商品如实地展现出来，走平实无华的路线。图片通常需要突出主体，用纯色背景，讲究干净、简洁、清晰。这种拍摄手法比较适合家居、数码、鞋、包等小件物品。

场景图能够在展示商品的同时，在一定程度上烘托商品的氛围，通常需要较高的拍摄成本和一定的拍摄技巧。这种拍摄手法适合有一定经济实力的卖家。如果场景运用得不好，反而会增加图片的无效信息，分散顾客的注意力。场景图需要体现出商品的功能，或者是呈现一种意境。下面以儿童卡通毛绒书包为例，介绍详情页商品展示图的设计。

步骤 1 打开 Photoshop 软件，新建图像，宽度设置为 750 像素，高度可暂定为 2 000 像素，最后根据实际情况调整。参照“6.3.2 商品基本参数设计”中的方法，设计商品展示部分的标签，如图 6－24 所示。

图 6－24

步骤 2 打开“蓝色小猴子书包”素材，将其分别拖入图像中，按 Ctrl+T 组合键，利用自由变换工具调整大小，并摆放至合适位置，效果如图 6－25 所示。

图 6－25

步骤3 新建图层，选择椭圆选框工具，按 Shift 键绘制正圆，并填充为灰色，按 Ctrl+J 组合键复制图层，将复制的圆形图层向右移。选择文字工具，设置文字颜色为白色，字号为 55 号，字体为圆体类字体（根据自己已有的字体选择即可），撰写文字“猴子”。重新设置字号，将字号修改为 24 号，字体设置为微软雅黑，颜色设置为灰色，分别在每个书包的下方撰写文字“书包正面”“书包背面”“书包侧面”，效果如图 6-26 所示。

图 6-26

步骤4 选择文字工具，字号设置为 55 号，字间距设置为 380，颜色设置为灰色，按键盘上的“-”键，绘制虚线作为间隔线，效果如图 6-27 所示。

图 6-27

步骤5 用上述方法继续完成“大象书包”和“KT 猫书包”的制作，效果如图 6-28、图 6-29 所示。

6.3.5 商品细节图设计

当顾客对商品的整体视觉效果有了了解之后，会希望看到商品的细节部分，这时细节图就起作用了。在细节图的设计方面，需要注意的是，既然是“细节图”，那么图片就应该能够具有足够的放大效果，使顾客能够清晰看到细节，比如面料的纹理、拉链的金属质

图 6－28

图 6－29

感等。下面以儿童毛绒玩具为例，介绍细节图的设计制作。

步骤 1 打开 Photoshop 软件，新建图像，宽度设置为 750 像素，高度可暂定为 2 000 像素，最后根据实际情况调整。参照“6.3.2 商品基本参数设计”中的方法，设计商品细节部分的标签，如图 6－30 所示。

图 6－30

步骤 2 打开素材“毛绒书包拉链细节”，将其拖入图像中，并调整至合适大小，选择矩形选框工具，沿着书包细节图的边缘绘制矩形。选择“编辑—描边”命令，设置 3 像素、白色、居中边框，如图 6－31 所示。

图 6－31

步骤 3 选择圆角矩形，设置半径为 10，绘制圆角矩形，并栅格化图层，将其转化为普通图层，填充玫红色。选择文字工具，设置为“微软雅黑”字体、68 点、白色，撰写文字“01”。修改字号为 20 号，颜色修改为灰色，撰写文字“采用优质拉链头，不卡带，寿命长。立体可爱造型，呵护宝贝娇嫩的小手。”，效果如图 6－32 所示。

图 6－32

步骤 4 重复以上的步骤，完成细节模块中其他图片的制作，效果如图 6－33、图 6－34 所示。

图 6－33

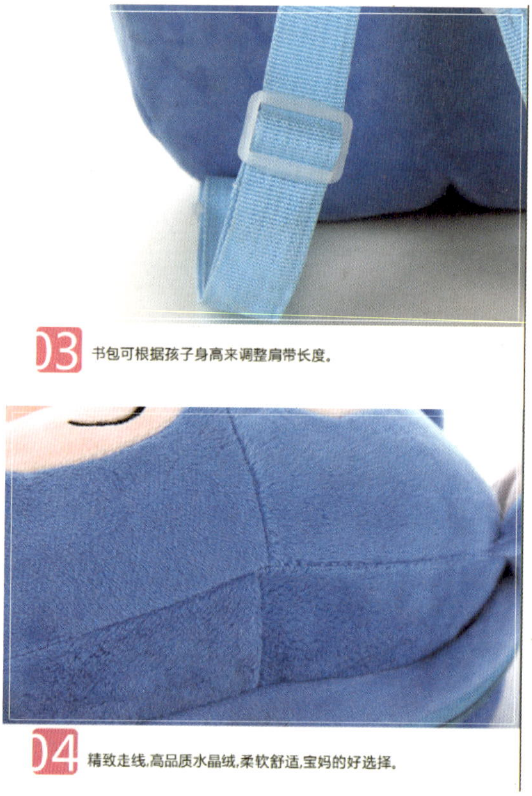

图 6－34

本章小结

本章学习了网店详情页设计与制作的相关知识，合理美观的详情页设计对提升店铺的转化率起到至关重要的作用。在详情页的设计过程中，除了要考虑美观程度外，还需站在顾客的角度考虑，思考顾客的购物心理和购物流程，使详情页尽量符合顾客的购物心理。详情页不仅展示商品的外观，还需从细节、实力、产品特色及加工制作流程等方面去消除顾客的购物疑虑，提升其购物欲望，促成交易。

实训活动

实训内容：下载本章实训素材，并利用相关素材设计制作一幅商品详情页。

实训目的：练习商品详情页的视觉设计与制作。

实训要求：

1. 根据给出的素材，进行商品定位，进而确定整体风格和商品特色等内容；
2. 构思符合顾客购买习惯的设计思路；
3. 设计并制作商品详情页，宽度为 750 像素，高度不限。

思考与练习

1. 手机端的商品详情页与电脑端的商品详情页，除了尺寸上的差别以外，还有什么不同之处？

2. 商品详情页最核心的作用是什么？

07 第 7 章　网店营销推广图的制作

本章导读

在淘宝、天猫等电商平台中，推广图是映入消费者眼帘的第一张商品图片，包括淘宝首页出现的智能钻展图、搜索结果页的主图、搜索结果页的右侧和底部的直通车图等。优质的推广图片是吸引流量、促进点击、提高转化率的必需品，也是视觉设计的关键点，本章将以直通车图、聚划算图、引力魔方图为例来介绍如何设计出有吸引力和高点击率的推广图片。

学习目标

知识目标

1. 熟悉并掌握直通车图的设计要点；
2. 熟悉并掌握聚划算图的设计要点；
3. 熟悉并掌握引力魔方图的设计要点。

能力目标

1. 能够设计制作出引力魔方图；
2. 能够设计制作出直通车图片以及聚划算主图。

素养目标

1. 培养与时俱进的意识；
2. 培养举一反三的能力。

7.1 聚划算主图设计制作

聚划算是阿里巴巴集团旗下的团购网站，是淘宝天猫内容优质流量的整合。对于卖家来说，如果聚划算用得好，不仅可以为店铺与商品带来丰富的流量，还能帮助打造“爆款”，提升店铺销售额。因此，聚划算主图的设计就变得尤为重要，只有设计出有吸引力的聚划算主图，才能吸引消费者点击进入商品详情页。

7.1.1 聚划算主图的设计要点

为了让商品能更好地展示给消费者，同时降低商家的制图成本，聚划算平台制定了关于标题、图片及详情的规范。如出现不符合平台规范要求的图片、内容，商品将不支持发布，直至商家修改为正确的样式为止。商品若已发布上线，聚划算将会对违规商品给予下架处理。下面对其设计要求进行详细介绍。

（1）商品图片：商品图片与标签和商品特点、营销利益点分离，商家上传的商品图片中不得出现任何形式的自制标签以及商品特点、营销利益点等文字信息。如有填写需要，必须在聚划算商品发布后台完成填写。

（2）格式规范：Logo 统一放置在画面左上角，不得添加底色，显示大小最宽不超过 180 像素，最高不超过 120 像素。Logo 最左侧及最上侧均离商品图片左侧及上侧 20 像素。

（3）图片背景：图片背景只选择真实拍摄的实景或者单色背景（包括同一色调的渐变），不建议使用多色或者多个实拍背景，不建议出现水印。背景的选择应该是为了衬托主题商品，建议运用虚化背景、突出主题的方式，或者使用同一色系或渐变色背景。

（4）商品构图：注意不要使用画中画，商品图片需要展示多个主体（模特、商品）时，建议保持同类主体（模特、商品）之间比例一致且背景统一，不建议多色商品展示与色卡展示同时使用。

7.1.2 聚划算主图设计案例

步骤 1 运行 Photoshop 软件，按住 Ctrl+N 组合键新建一个宽为 800 像素、高为 800 像素的空白画布，命名为“聚划算主图”（文件名称可以随意指定，不过建议命名时选取简单易记忆、好识别的名称），如图 7－1 所示。

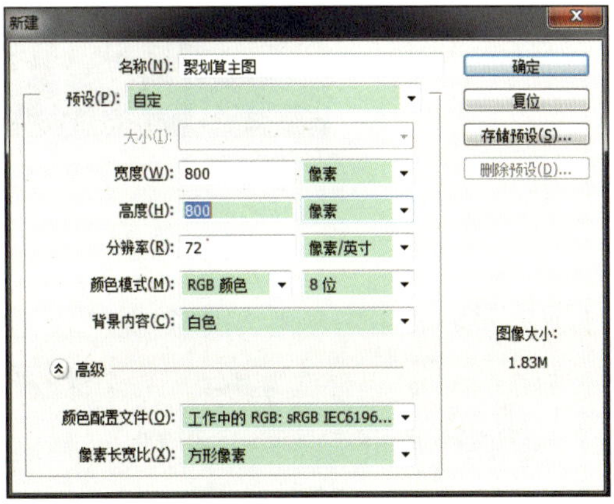

图 7－1

步骤 2 单击“移动”工具将素材图“小兔故事机”拖入画布，并保证“小兔故事机”图层在所有图层的最上方显示，如图 7－2 所示。

图 7－2

步骤 3 通过拾色器为背景图层选择一个马卡龙系的浅蓝色，按住 Alt+Del 组合键为其填充颜色（如图 7－3 所示），填充的效果如图 7－4 所示。

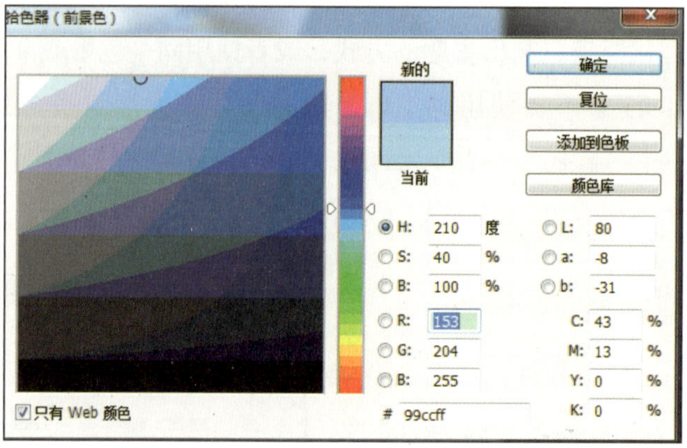

图 7－3

步骤 4 单击工具栏“矩形选框”工具，按住鼠标左键在画布的左上角拉出一个矩形，并按住 Alt+Del 组合键为其填充一个深蓝色，如图 7－5 所示。

步骤 5 单击工具栏“文字”工具，在深蓝色矩形内添加“文字图层”，如图 7－6 所示。

图 7－4

图 7－5

图 7－6

步骤 6 单击工具栏“文字”工具，在浅蓝色背景图层上方添加“文字图层”，如图 7－7 所示。

步骤 7 单击工具栏“圆角矩形工具”，按住鼠标左键在背景图层上拉出一个合适大小的圆角矩形，并且按住 Alt+Del 组合键为其填充颜色，如图 7－8、图 7－9 所示。

步骤 8 单击工具栏“文字”工具，在填充好颜色的圆角矩形上添加文字图层“语音通话　亲子互动　蓝牙连接”，然后利用“移动”工具调整各图层大小、位置，最终效果如图 7－10 所示。

图 7－7

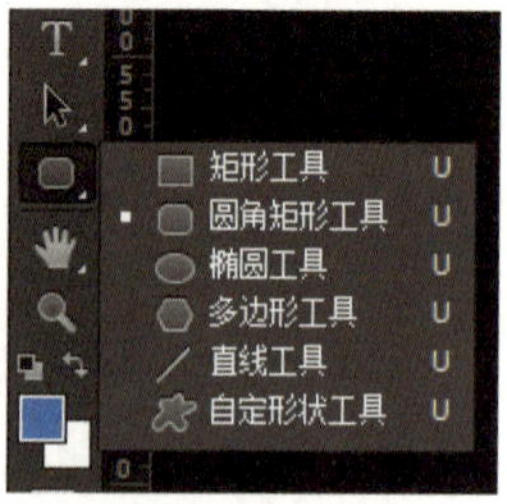

图 7－8

图 7－9

图 7－10

7.2 直通车推广图设计制作

淘宝直通车是淘宝网为卖家量身定制的一种推广方式，是一种按点击率付费的效果营销工具。直通车推广在给商品带来曝光量的同时，其精准的搜索匹配也给商品带来了精准的潜在买家。对于直通车而言，最重要的就是点击率这个核心维度。

7.2.1 直通车推广图的设计要点

网店美工为了提高直通车图的点击率，往往不只做一张直通车图，而是通过不同的卖点、不同的设计形式制作多张直通车图，然后依次测款，最终选择点击率与转化率最优的直通车图做推广。一般情况下，设计直通车图时应该遵循以下三个原则：

（1）设计定位，思考为先：根据直通车的投放计划确定直通车商品推广所投放的位置，方便对周边商品进行分析，从而在设计上更为突出，更容易引起消费者的注意。然后确定针对的消费群体，分析他们的喜好，以此来确定设计风格及颜色，并根据他们的消费能力和生活习惯来确定使用何种促销方式。

（2）亮出商品，重点展示：使用独特的拍摄手法、夸张直接的文案，或者通过商品的精美搭配使图片与其他商品图片形成鲜明对比，从众多商品图中脱颖而出，吸引消费者的注意力，唤起消费者的购物欲望。

（3）构图合理，排版统一：直通车图片的设计需要整齐、统一，这两点缺一不可。整齐即所有文字左或中或右对齐；统一，就是字体、样式、颜色、大小、行距、字间距等统一，对于重点信息可以通过改变字体大小或颜色来体现主次。

7.2.2 直通车推广图设计案例

步骤 1 运行 Photoshop 软件，按住 Ctrl+N 组合键新建一个宽为 800 像素、高为 800 像素的空白画布，命名为“直通车图”，如图 7－11 所示。

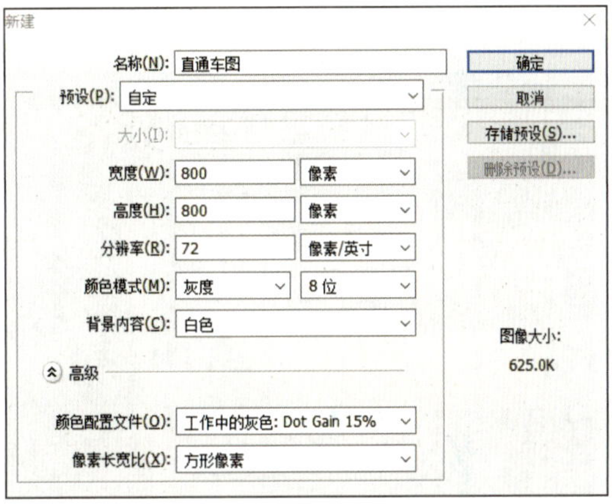

图 7－11

步骤 2 打开素材“背景”并将其拖入图像中，打开素材“理发器”，利用魔棒工具快速完成抠图，并将理发器拖入图像中，分别调整理发器和背景图片的大小和位置，如图 7－12 所示。

步骤 3 打开文字工具，设置为“黑体”、160 号、加粗，并撰写文字“高端专业”，选择描边的图层样式，设置大小为 5 像素，颜色为黄色，单击确定进行描边。文字颜色设置为由深到浅的黄色渐变，如图 7－13 所示。

步骤 4 新建图层，运用矩形选框工具在新图层上绘制矩形选框，并填充为黄色，按住 Ctrl+T 组合键，打开自由变换工具，按右键，选择斜切，调整矩形为平行四边形，如图 7－14 所示。

步骤 5 新建图层，选择画笔工具，前景色设置为黄色，在新图层上绘制 5 像素粗细的直线，并按住 Ctrl+T 组合键，利用自由变换工具旋转其角度，使之与平行四边形的边平行。选择文字工具，设置为黑体、110 点、黑色，撰写文字“2 块电池”，选择图层样式为描边，为文字描 5 像素的边，效果如图 7－15 所示。

步骤 6 新建图层，选择矩形选框工具，前景色设置为蓝色，在新图层上绘制矩形，并按住 Ctrl+Delete 组合键填充前景色，调整图层顺序至理发器下方。选择文字工具，设

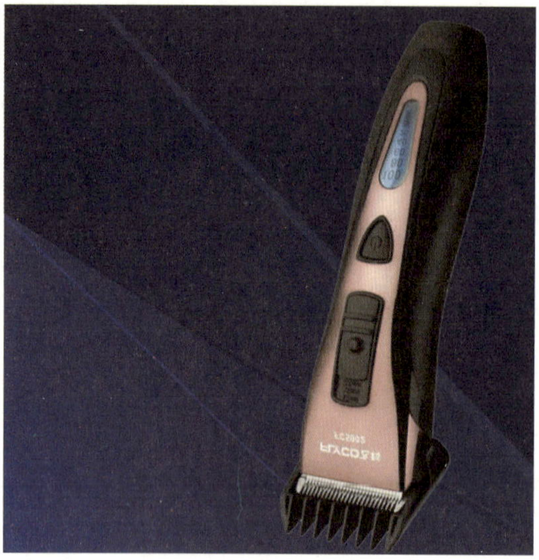

图 7－12

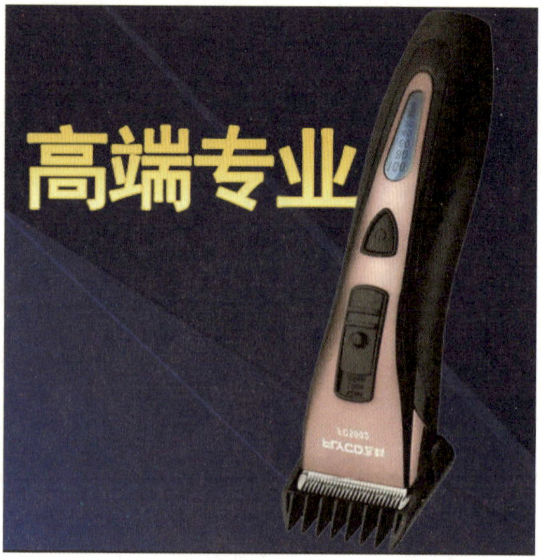

图 7－13

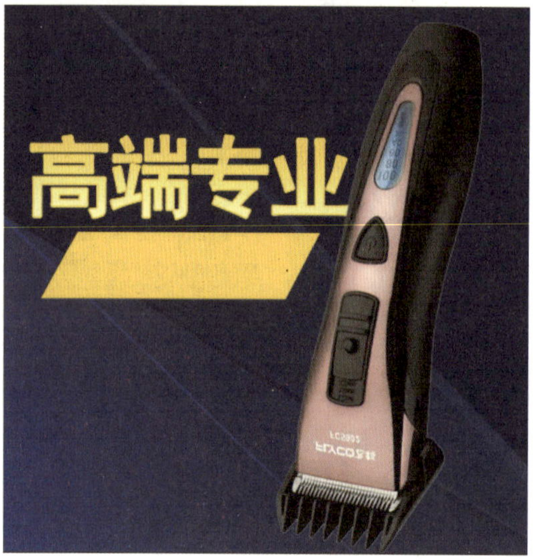

图 7－14

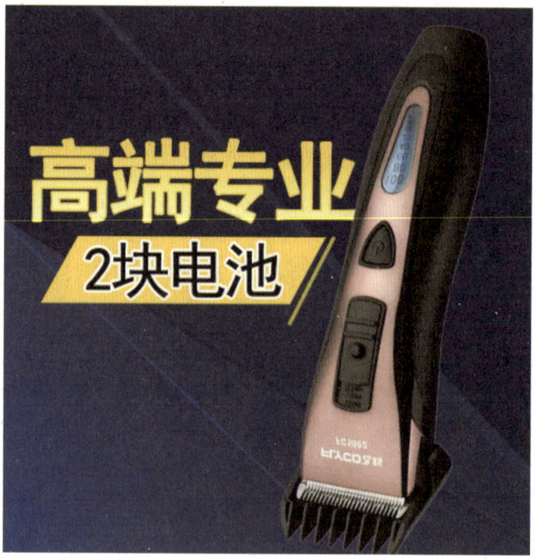

图 7－15

置为黑体、90 点、白色，撰写文字“理发师专用”，效果如图 7－16 所示。

步骤 7 新建图层，选择矩形选框工具，前景色设置为蓝色，在新图层上绘制矩形。选择移动工具拖出垂直方向的参考线，利用参考线找到矩形的居中位置，选择多边形套索工具，在矩形下方补充一个三角形，并将其与矩形都填充为蓝色，效果如图 7－17 所示。

步骤 8 拖回参考线，避免影响视觉效果。选择文字工具，设置为黄色，撰写文字“¥129”，调整至合适大小。继续选择文字工具，设置为白色，撰写“买 1 送 4”，效果如图 7－18 所示。

图 7 - 16

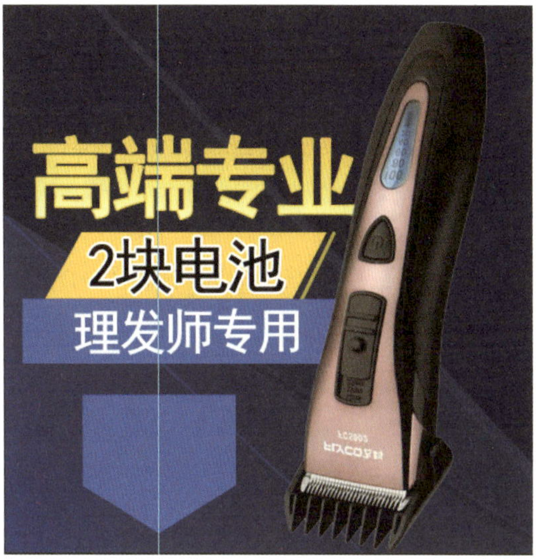

图 7 - 17

步骤 9 打开素材“Logo”，利用魔棒工具快速抠取 Logo，并将其拖入画布中，调整大小和位置，直通车图完成，整体效果如图 7 - 19 所示。

图 7 - 18

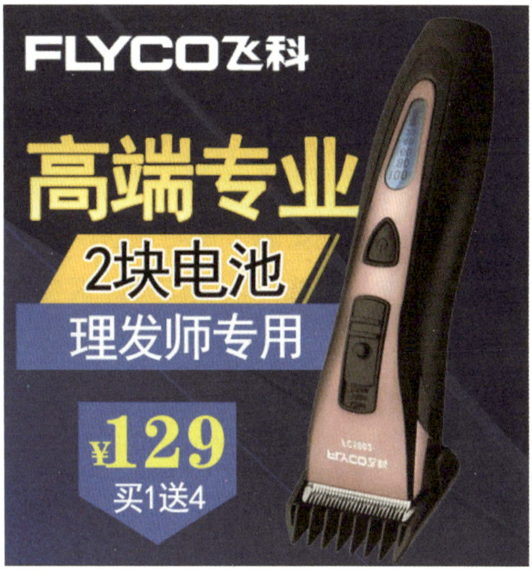

图 7 - 19

7.3 引力魔方图设计制作

引力魔方是淘宝网提供的一种适用于移动端的营销工具，是淘宝网图片类广告位竞价投放平台，能够为商家提供数量众多的优质展位，但需要商家自行投放，并且按照点击次数收取费用。引力魔方图就是在展位上展示的图片，用于吸引消费者的注意力。在制作引力魔方图前需要先了解引力魔方图的设计要点。

7.3.1 引力魔方图的设计要点

引力魔方图和商品主图不同，其位置众多且尺寸各异，投放场景包括焦点图场景和信息流场景。焦点图场景的标准尺寸包括 800×1 200 像素、513×750 像素，由于其尺寸较大，能够完全地展示商品图像与文案，因此价格较贵；信息流场景的标准尺寸包括 800×800 像素和 800×1 200 像素，并且流程充足、价格适中、回报较高，在设计时要注意图片和文字的结合，且文字要醒目。

引力魔方图的位置和尺寸虽然有所不同，但设计的要点是一致的。

1. 主体突出

引力魔方图的主体不一定是商品图片，也可以是创意方案，或消费者诉求的呈现，主体突出才能够吸引更多消费者点击。

2. 营销目标明确

引力魔方图投放的营销目标很多，如上新、引流、预热大型活动，以及品牌形象宣传等。因此在引力魔方图的设计制作中，首先需要明确营销目标，针对目标来选择或设计素材。

3. 形式美观

形式美观的引力魔方图更能获取消费者的好感，从而提高点击率。当选择好素材和规划好创意后，适当美化引力魔方图尤为重要。

图 7－20 所示为国货品牌百雀羚的引力魔方图，整个图片采用深绿色为背景色，突出商品的品质感和舒缓、修复的功效，与商品本身的浅绿色搭配，视觉效果协调统一。图片主体突出，通过文案将优惠信息体现出来，从而起到营销的目的。

图 7－20

7.3.2 引力魔方图的制作步骤

引力魔方图需要在有限的空间体现商品的特色，增加流量。下面以婴幼儿奶粉为例，介绍引力魔方图的制作步骤。该图主要为了新品上市和全新配方，要求尺寸为 800×1 200 像素，具体操作如下：

步骤 1 新建图片大小为 800×1 200 像素、分辨率为 72 像素 / 英寸，名称为“奶粉引力魔方广告图”的文件。打开“背景”素材，将素材拖动到广告图文件中，如图 7－21 所示。

步骤 2 打开“奶粉”素材，将素材拖入广告图中，按 Ctrl+T 组合键，执行自由变换命令，调整素材至合适的角度。选择橡皮擦工具，设置橡皮擦硬度为 0%，涂抹蓝色奶粉罐下方的阴影部分，使其阴影效果更加真实，效果如图 7－22 所示。

图 7－21

图 7－22

步骤 3 打开“装饰素材”，将素材拖入广告图中，调整素材位置和图层顺序，效果如图 7－23 所示。

步骤 4 选择文字工具，撰写文案“新品上市 全新配方”，设置倾斜文字效果并选择合适的字体。选择“新品”“全新”文案，设置文字颜色为浅蓝色，R、G、B 的值分别为 86、126、75。设置“上市”“配方”的文字颜色为深蓝色，R、G、B 的值分别为 12、50、121。选择文字“上”“新”，设置字号为 110 点，其余文字字号为 90 点。按 Ctrl+T 组合键，适当旋转文字的角度，效果如图 7－24 所示。

步骤 5 选择圆角矩形工具，绘制圆角矩形，设置填充颜色为深橙－浅橙－深橙三色渐变，深橙色的 R、G、B 值分别为 243、213、160，浅橙色的 R、G、B 值分别为 254、251、231，效果如图 7－25 所示。

步骤 6 按 Ctrl+T 组合键，执行自由变换命令，单击鼠标右键，选择“斜切”命令，调整圆角矩形至图 7－26 所示形状。

图 7－23

图 7－24

图 7－25

图 7－26

步骤 7 选择文字工具，撰写文案“全面提高宝宝抵抗力”，设置字体为圆体，颜色为深蓝色，R、G、B 的值分别为 12、50、121，设置文字加粗、倾斜效果。选择“全面提高”文案，设置字号为 36 点，选择“宝宝抵抗力”文案，设置字号为 45 点。按 Ctrl+T 组合键，执行自由变换命令，适当调整文字倾斜效果，效果如图 7－27 所示。

图 7－27

步骤 8 选择文字工具，撰写文案“新品上市”，设置字体为华光综艺，颜色为褐色，R、G、B 的值分别为 151、91、38，设置文字倾斜效果，效果如图 7－28 所示。

步骤 9 选择文字工具，撰写文案“优质奶源－通过多道检验程序”，设置字体为微软雅黑，颜色为褐色，R、G、B 的值分别为 177、101、11，设置文字倾斜效果。单击图层面样式 fx，选择描边，设置 2 像素、白色描边效果，如图 7－29 所示。

图 7－28

图 7－29

步骤 10 选择圆角矩形工具，半径值设置为 50，绘制圆角矩形，设置圆角矩形的属性为白色填充、无描边。按 Ctrl+J 组合键，复制圆角矩形，更改其颜色为浅蓝色，R、G、B 的值分别为 105、163、225。选择移动工具，移动副本位置，使两个圆角矩形错位放置，效果如图 7－30 所示。

步骤 11 参照步骤 10 的操作，选择椭圆工具，绘制两个错位摆放的正圆，效果如图 7－31 所示。

图 7－30

图 7－31

步骤 12 打开“奶牛”素材，将其拖入广告图中，按 Alt 键并单击“奶牛”和下方图层中间的位置，形成剪贴蒙版，效果如图 7－32 所示。

步骤 13 选择文字工具，撰写文案“安全放心”，字体设置为幼圆，文字颜色设置为白色，字号设置为 40 点，设置加粗字体效果，如图 7－33 所示。

步骤 14 重复步骤 10 至步骤 13，完成“天然有机”的效果制作，如图 7－34 所示。整体视觉效果如图 7－35 所示。

图 7-32

图 7-33

图 7-34

图 7-35

本章小结

本章介绍了聚划算主图、直通车推广图、引力魔方图的设计与制作，这三种图片出现的位置不同，制作规范也不同，但在设计与制作的过程中都需要做到图片风格一致、主题突出、形式美观、构图合理。

实训活动

实训内容：下载本章实训素材，任选其中一张或几张素材，分别设计出聚划算主图、直通车推广图和引力魔方图。

实训目的：练习聚划算主图、直通车推广图和引力魔方图的视觉设计与制作。

实训要求：

1. 根据给出的素材，进行产品定位，进而确定整体风格和产品特色等内容；
2. 提炼不同图片类型的主题，并进行构图；
3. 设计并制作聚划算主图、直通车推广图和引力魔方图。

思考与练习

1. 一般而言，聚划算主图的主题是什么？
2. 聚划算主图和直通车推广图有很多相似之处，两者比较而言，主要区别体现在哪些方面？

08 第 8 章　专题页与活动页的视觉设计

本章导读

在越来越激烈的电商竞争环境中，商家应根据自身的营销计划、营销目标策划专题活动，以此提升店铺的影响力和商品的成交量。而电商平台也会推出各类活动，如年中、年末和传统节日活动等，用于吸引更多顾客。由此可见，针对各类活动进行营销设计的作用重大，而优秀的专题页和活动页的视觉营销设计，可让店铺在众多竞争者中抢先抓住顾客的目光，占得优势和先机。

学习目标

知识目标

1. 掌握专题页的设计与制作方法；
2. 掌握活动页的设计与制作方法。

能力目标

1. 能够独立完成专题页的视觉设计；
2. 能够独立完成活动页的视觉设计。

素养目标

1. 培养设计与创新传统节日类专题页的能力；
2. 培养设计各类活动页的能力。

8.1 专题页的视觉设计

专题页是一个内容聚合页，利用一个点、一件事、一个主题来策划一个页面或者一个活动的流程页面，其信息来源于同一主题的内容（文章、图片、视频等），包括网站相应模块和频道所涉及的功能与该主题事件的内容展示。电子商务领域的专题页主要用于活动推广、产品上新等情况，专题页的设计也是网店美工的主要工作之一。

8.1.1 专题页的设计规范

在页面设计中，商品页面的设计主要突出商品展示和点击引导，美工人员要考虑用户长时间的浏览体验，视觉上更侧重间距、布局、按钮和 Logo 的表现，注重规范和视觉识别性。商品页面的样式通常简洁易用，绚丽元素少，视觉上并不强调冲击力。专题页面时效性有限，大多专题是受推广及活动时间限制，过了活动时间，就会下架该页面。店铺的专题页多为活动推广和产品上新等内容，能在限定的时间吸引大量顾客才会形成有力的推广，因此需要强有力的视觉效果和有趣的浏览体验来达到吸引顾客的目的。在规范和布局方面可以适当放宽要求，用抢眼的视觉吸引顾客并让顾客留下深刻印象是专题页设计的首要任务。

1. 专题页的结构

专题页的形式多种多样，大多数的专题结构分为头图部分和内容部分，传统的专题页一般只有一个主页面，复杂的则有若干的二级页面组成。专题页的基本内容主要包括：头图 banner + 至少 1 个楼层模块 + 背景 + 氛围点缀物，其结构如图 8 - 1 所示。

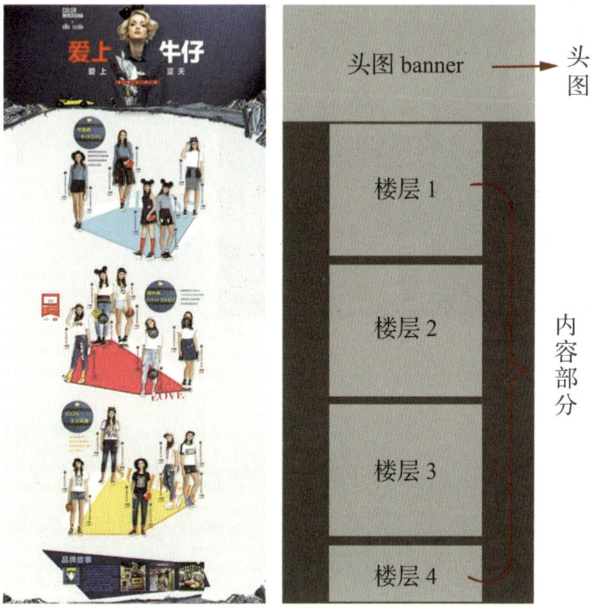

图 8 - 1

2. 设计头图

结构确立后，接下来就开始头图的设计。优秀的头图设计是专题页的灵魂。设计头图首先要考虑头图的设计风格，根据不同的主题，选择不同风格的视觉设计，如妇女节，打造浪漫、温馨的页面风格；春季上新，打造青春、朝气蓬勃的页面风格。头图部分的设计是整个专题的重点，也是专题最需要突出的亮点，头图可以确立整个专题的基调。

专题头图的设计类似一个大的 banner，尺寸上相当于全屏海报，但也有很多的不同，专题页头图的细节更多，需要考虑如何巧妙地与下面的内容进行衔接。头图元素的设计不分“楚河”和“汉界”，要让头图和下面的内容在视觉上有联系，打破首屏与次屏在设计上明显的颜色条分隔、形式分隔、线分隔等。如图 8－2 所示，红色箭头所示的位置就是头图为了更好地衔接下面的内容而设计的细节。

图 8－2

优秀的头图应该紧贴专题内容，美观、吸引用户停留。好的专题头图，除了有精美的视觉元素外，头图的大标题要重点强调，三秒内传递给用户所有信息，所以视觉设计上不仅要做到无障碍设计，还要思考如何才能让用户快速获取信息。常规的头图主要由文案、产品图、背景和按钮四个要素构成，而易懂性常常体现在文案的内容和形式设计上，因此文案要尽量简洁通俗，文案内容的行数尽量控制在三行以内，确保可读性。图 8－3 所示即为失败的头图标题和优秀的头图标题对比。

图 8－3

在设计上，不仅要做到舒服、显眼，还要体现信息层级。合理安排用户第一眼的信息内容，它通常需要设计师花费专门的精力来制作字体的变形和特效。好的字体效果可以成为专题的主视觉，成为最亮眼的一部分，同时也是最直接体现专题主旨的方式，如图 8－4 所示。一般的头图设计只是专题视觉元素的体现，而有的头图本身就承载专题内容，这要视专题的内容和需求而定。

图 8－4

3. 专题内容区的设计

内容区与头图的衔接要巧妙，忌生硬。内容区的形式可以有很多变化，与专题整体的视觉要素结合，可以继承头图中的视觉元素，让专题页面的视觉效果更统一、协调，也可以设计出不同的样式，让内容区的展现更生动。

除了要突出专题页面整体的视觉冲击力，还需让用户能够关注专题页的实质内容，不能因注重头图的设计而怠慢文案内容。除了一些“PK 性质”的专题模块，要注意模块栏目分布的权重，内容要做到由主到次，内容的排布在逻辑上要有关联性。

一些重点突出的模块要和其他栏目模块做区别设计，做到突出而不突兀。标题栏和模块的细节也应该注重视觉效果，较一般的产品页面而言可以做一些修饰，但不可喧宾夺主。

8.1.2 专题页的设计制作

下面以果蔬产品为例，制作初春活动专题页面，具体制作步骤如下：

步骤 1 打开 Photoshop 软件，新建 950 × 2 500 像素、72 分辨率 / 英寸的空白画布，命名为“三月寻鲜记专题页”。按 Ctrl+O 组合键打开“背景”素材，将素材拖入画布中，效果如图 8 - 5 所示。

步骤 2 按 Ctrl+O 组合键打开“各种水果蔬菜”素材，将素材一次拖入画布中，并调整好素材的大小、位置和方向，效果如图 8 - 6 所示。

图 8 - 5

图 8 - 6

步骤 3 选择文字工具，撰写标题文案“三月寻鲜季”，根据电脑中已有的字体，选择合适的字体、字号，文案的颜色设置为深蓝色，R、G、B 的值为 0、69、73，按 Ctrl+Enter 组合键退出文字编辑状态，效果如图 8－7 所示。

步骤 4 继续选择文字工具，撰写文案“果 / 蔬 / 肉 / 蛋 / 特 / 价”，设置文字的字体为微软雅黑、字号为 42 点、字间距为 100，设置文字加粗效果。选择椭圆工具，按 Shift 键绘制正圆，将填充颜色设置为与文案相同的深蓝色，按 Ctrl+J 组合键，复制正圆图层，并使用移动工具移动两个圆至文案的左右两侧，效果如图 8－8 所示。

图 8－7

图 8－8

步骤 5 选择圆角矩形工具，设置圆角半径为 50，绘制圆角矩形，描边设置为无填充、3 像素，描边颜色设置为与文案相同的深蓝色，效果如图 8－9 所示。

步骤 6 选择文字工具，撰写文案“时令果蔬”和“RMB 3.99/ 起”，更改文字的字体为华光粗黑，字号设置为 42 点，单独选中数字“3”，设置字号为 72 点。打开“箭头”素材，选择移动工具，将箭头移入画布中，按 Ctrl+T 组合键，将箭头素材调整至合适的位置和角度，效果如图 8－10 所示。

图 8－9

图 8－10

步骤7 选择圆角矩形，设置半径值为10，绘制圆角矩形，设置圆角矩形为白色填充、无描边。单击图层样式fx，选择投影效果，投影效果的“角度”“距离”“扩展”“大小”分别设置为“90”“70”“0”“8”，效果如图8－11所示。

步骤8 选择文字工具，撰写文案“心里甜西红柿”，设置文字的颜色为黑色、字体为微软雅黑、字号为35点，设置加粗效果，退出文字编辑状态。继续选择文字工具，撰写文案“酸酸甜甜每一天”，更改文字颜色为灰色、字号为27点，按Ctrl+Enter组合键退出文字编辑状态。再次选择文字工具，撰写文案“特价13.99/斤”，单独选中文字“特价”，更改文字颜色为黑色，选中文字“13.99/斤”，文字颜色更改为红色，选择数字“13”，设置字号为50点。效果如图8－12所示。

图8－11

图8－12

步骤9 按Ctrl+O组合键打开“各种水果蔬菜”素材，将西红柿素材拖入画布中，按Ctrl+T组合键，调整好素材的大小、位置和方向。新建组，命名为“西红柿”，将步骤7、步骤8以及“西红柿”素材全部拖入组中，效果如图8－13所示。

步骤10 选择“西红柿”组，按Ctrl+J组合键复制组，重命名为“胡萝卜”。更改相应的文案内容和素材，并调整至合适的位置，效果如图8－14所示。

图8－13

图8－14

步骤11 重复步骤10，完成“小龙虾”和“圆白菜”效果的制作，专题页的完整效果如图 8－15 所示。

图 8－15

8.2 活动页的视觉设计

活动页与专题页中的促销型页面类似，是针对店铺活动或官方活动所制作的单独页面。活动既可以是店铺活动，也可以是电商平台官方活动，活动页相对于专题页更具有普遍性。

8.2.1 举办活动的目的和作用

举办活动是店铺营销手段的重要组成部分，也是视觉营销的重点。一次策划良好的活动可以为商家带来巨大利益，但做活动不能盲目跟风，很多商家并不知晓举办活动的目的和作用，盲目开展各种促销活动，这样往往难以达到预期的效果。

1. 缩短产品入市的进程

新品促销是一种常见的手段，可以使新品很快打开市场。新品有了购买记录，人气就容易积累起来，从而更快地增加销量，被更多的顾客接受。大量的购买记录以及评价可以打消顾客的疑虑，调动顾客的购买热情，促使顾客快速下单，从而缩短了产品的入市进程。

2. 激励顾客初次购买，达到使用目的

一场成功的促销活动可以让顾客建立初次购买的信心，也可以让顾客的消费周期缩短。通过促销，商家让利给顾客，这样的让利并非时时都有，往往会给人“机不可失，时不再来”的感觉，通过活动给顾客营造紧迫感，促使顾客尽快购买、尝试新品。

3. 激励顾客再次购买，建立消费习惯

当顾客初次试用产品以后，如果对商品基本满意，可能会产生重复购买的意愿。对于一些有使用周期的商品，初次被顾客接受十分重要。如果初次消费满意，再通过促销促进顾客再次购买，从而建立消费习惯。

4. 提升市场份额，达到销售目的

促销活动是以销售量或者销售额的增长作为最终目的的，好的促销活动可以带来更多的顾客，也可以提高客单价，因此促销活动不仅可以提升市场份额，还可以达到销售的目的。

5. 提高网店信誉度

网店的业绩越好，信誉越高，购买记录越多，越容易提高店铺的转化率。店铺信誉、购买记录和商品评价是顾客在选择商品时的重要考量标准，成功的营销活动不仅能提高商品销量，还能提高店铺信誉度，进而使店铺运营进入良性循环。

8.2.2 活动页的设计要点

活动页是以各种视觉表现形式展现节日促销、商品发布和品牌宣传推广等活动主题的页面。

1. 主题出彩

活动主题是一场活动的中心思想、灵魂和主旨，也是一份精彩设计的开始。优质的活动主题，不仅能让顾客拍手叫绝，还能赋予活动更多的内涵与意义。在确定主题时，需要先明确活动目的，内容要简明扼要。在设计时需要从主题出发，围绕主题进行设计。主题出彩的页面效果示例见图 8－16。

图 8－16

2. 色彩出彩

色彩出彩不是单纯指色彩艳丽或色彩突出，而是指页面主色的独特性、合适性和联想性。其中色彩的合适性，指色彩与活动气氛相融合。图 8－17 所示的活动页，采用红色为主色调，与活动的主题相符，搭配紫色，并适当降低红色的饱和度，凸显商品的品质感。

3. 细节出彩

对于活动页来说，每个细节都决定了店铺能否吸引顾客。在活动页中每个出彩的细节，如抽象的纹理、符号和线条等，都能使整个画面显得更有活力与个性。图 8－18 所示的活动页，以购物车的形式展现商品，同时搭配“点”的应用以及立体的文案，使得画面更具有立体感和空间感，产生很强的视觉冲击力。同时，优惠券、攻略的展示让顾客对整个活动有具体的了解。

图 8－17

图 8－18

8.2.3 活动页的设计制作

下面以某网店乳饮品为例，制作乳饮品专场活动页面，具体制作步骤如下：

步骤 1 打开 Photoshop 软件，新建 750×2 500 像素、72 分辨率 / 英寸的空白画布，命名为“乳饮品专场活动页”。将前景色设置为浅绿色，R、G、B 值分别为 195、217、145，按 Ctrl+Del 组合键填充浅绿色。按 Ctrl+O 组合键打开“背景”和“背景纸”素材，将素材拖入画布中，效果如图 8－19 所示。

步骤 2 按 Ctrl+O 组合键打开“树叶”“牛奶”“橙子”素材，将素材依次拖入画布中，按 Ctrl+T 组合键，执行自由变换命令，调整素材至合适的位置、大小和角度，效果如图 8－20 所示。

图 8－19

图 8－20

步骤 3 按 Ctrl+N 组合键新建图层，命名为“底边”。选择钢笔工具，绘制弧形封闭路径，按 Ctrl+Enter 组合键将路径转化为选区，如图 8－21 所示。

图 8－21

步骤 4 将前景色设置为浅绿色，R、G、B 值分别为 195、217、145，按 Ctrl+Del 组合键填充浅绿色。单击图层样式 fx，选择“投影”，打开“投影”样式对话框，无须更改默认设置参数，单击“确定”按钮，效果如图 8－22 所示。

图 8－22

步骤5 选择文字工具，撰写文案“乳饮品专场”，字体设置为华光标题黑，字号设置为98点。单击图层样式fx，选择渐变叠加，设置渐变色为深绿－浅绿－深绿，其中深绿色R、G、B值分别为87、137、62，浅绿色R、G、B值分别为176、218、156。选择“线性”渐变，角度设置为–21度，效果如图8－23所示。

图8－23

步骤6 选择圆角矩形工具，设置圆角半径为50，绘制圆角矩形。单击图层样式fx，选择“渐变叠加”，设置渐变色为浅橙－深橙，其中浅橙色R、G、B值分别为247、203、107，深橙色R、G、B值分别为251、169、128。选择“线性”渐变，角度设置为90度，效果如图8－24所示。

图8－24

步骤7 选择文字工具，撰写文案“牧场鲜奶第二件1元”，字体设置为华光大黑，字号设置为48点，文字颜色设置为白色。单击图层样式fx，选择“投影”，设置投影颜色为橘色，R、G、B值分别为231、5、0。投影角度设置为149度，不透明度设置为52%，效果如图8－25所示。

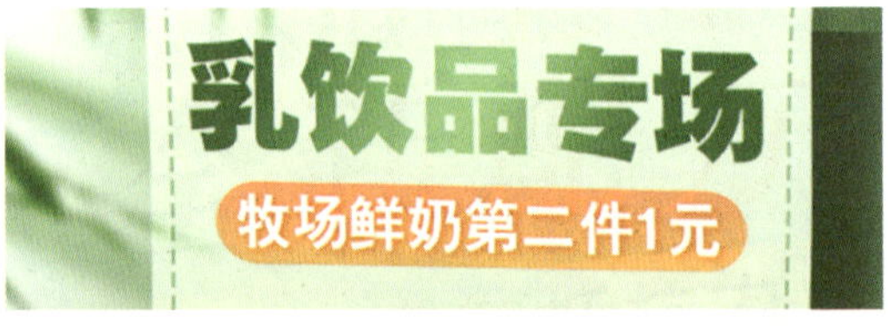

图8－25

步骤8 选择文字工具，撰写文案“LIST SALE”，字体设置为Arial，字号设置为30

点，文字颜色设置为浅绿色，其 R、G、B 值分别为 186、220、170。新建组，命名为“标题”，将步骤 5 至步骤 8 中的所有图层拖入“标题”组中。新建组，命名为“ banner”，将所有图层和“标题”组拖入 banner 组中。banner 的整体效果如图 8－26 所示。

图 8－26

步骤 9 选择圆角矩形工具，设置圆角半径为 30，绘制圆角矩形。设置圆角矩形填充颜色为绿色，R、G、B 值分别为 160、185、104。单击图层样式 fx，选择“投影”，设置投影颜色为深绿色，R、G、B 值分别为 120、145、64。投影角度设置为 90 度，不透明度设置为 43%，投影距离和大小均设置为 6，效果如图 8－27 所示。

图 8－27

步骤 10 按 Ctrl+O 组合键打开“标签背景”素材，将对应素材拖入画布中。选择文字工具，撰写文案“——先领券 再购物 ——”，字体设置为华光大黑，字号设置为 45 点，文字颜色设置为白色，退出编辑状态。继续选择文字工具，撰写文案“ XIAN LING QUAN ZAI GOU WU”，字体设置为 Arial，字号设置为 16 点，文字颜色设置为白色，效果如图 8－28 所示。

图 8－28

步骤 11 将“标签背景”素材中的优惠券背景素材拖入画布中。选择文字工具，撰写数字“10”，字体设置为“华光大黑”，字号设置为 100 点，文字颜色设置为白色，退出编辑状态。继续选择文字工具，撰写文案“优惠券”，更改字号为 47 点，退出编辑状态。再次继续选择文字工具，撰写文案“全程满 49 元使用”，更改字号为 18 点，更改字体为微软雅黑，退出编辑状态。选择直排文字工具，撰写文案“立即领取”，更改字号为 22 点，效果如图 8－29 所示。

图 8－29

步骤 12 设置前景色为白色，选择椭圆工具，按 Shift 键绘制正圆。选择文字工具，撰写文案“¥”，字体设置为微软雅黑，字号设置为 24 点，文字颜色设置为与背景相同的橙色，退出编辑状态，效果如图 8－30 所示。

图 8－30

步骤 13 新建组，命名为“10 元优惠券”，将与优惠券相关的图层全部选中，并拖入组中，按 3 次 Ctrl+J 组合键复制组，分别重命名为“20 元优惠券”“30 元优惠券”“50 元优惠券”，并将复制的 3 个组调整至合适的位置，同时更改不同优惠券的文案内容，效果如图 8－31 所示。

图 8－31

步骤 14 将“标签背景”素材中对应“今日特惠”部分的素材拖入画布中，按 Ctrl+T 组合键，执行自由变换命令，调整素材至合适的大小、位置，效果如图 8－32 所示。

图 8－32

步骤 15 选择文字工具，撰写文案“牧场有机纯牛奶”，字体设置为华光大黑，字号设置为 39 点，文字颜色设置为绿色，R、G、B 的值分别为 115、145、58，退出编辑状态。继续选择文字工具，撰写文案“230ml*5 盒”，字号更改为 29 点，效果如图 8－33 所示。

步骤 16 选择文字工具，撰写文案“特惠价 ¥9.9”，字体设置为华光大黑，其中，“特惠价 ¥”字号设置为 29 点，第一个数字 9 设置为 68 点，第二个数字 9 设置为 45 点。单击图层样式 fx，选择渐变叠加，设置渐变色为深橙－浅橙，其中深橙色 R、G、B 值分别为 253、100、79，浅橙色 R、G、B 值分别为 242、142、38。选择“线性”渐变，角度设置为 –108 度，效果如图 8－34 所示。

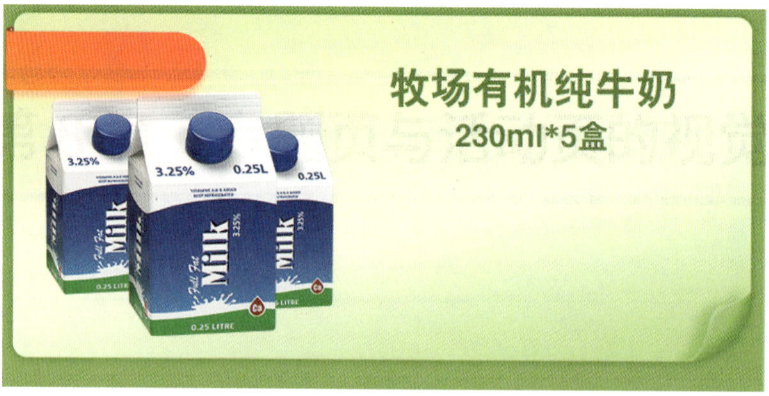

图 8－33

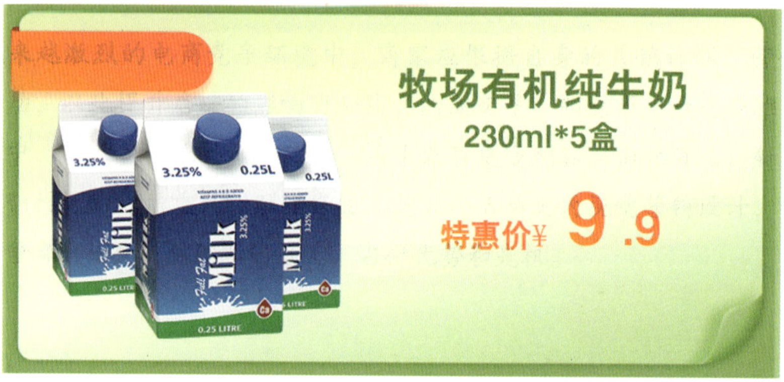

图 8－34

步骤 17 选择圆角矩形工具，设置圆角半径为 50，绘制圆角矩形。单击图层样式 fx，选择“渐变叠加”，设置渐变色为浅橙－深橙，颜色可在左上角渐变橙色标签上吸取，保持整体色彩的一致性。选择“线性”渐变，角度设置为 75 度。单击图层样式 fx，选择“投影”，设置投影颜色为橙色，投影角度设置为 90 度，不透明度设置为 45%，投影距离和大小均设置为 7。效果如图 8－35 所示。

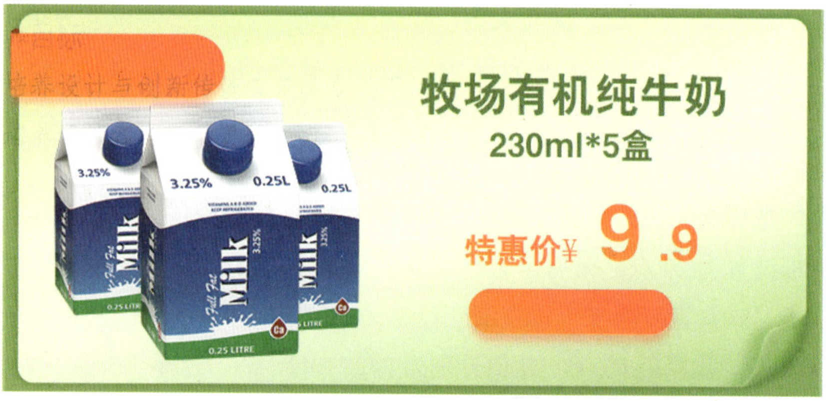

图 8－35

步骤 18 选择文字工具，在左上角标签处撰写文案“今日特惠”，设置字体为华光大黑、字号为 30 点、文字颜色为白色，退出文字编辑状态。继续选择文字工具，在右下角标签处撰写文案“立即购买 >”，更改字号为 28 点，效果如图 8－36 所示。

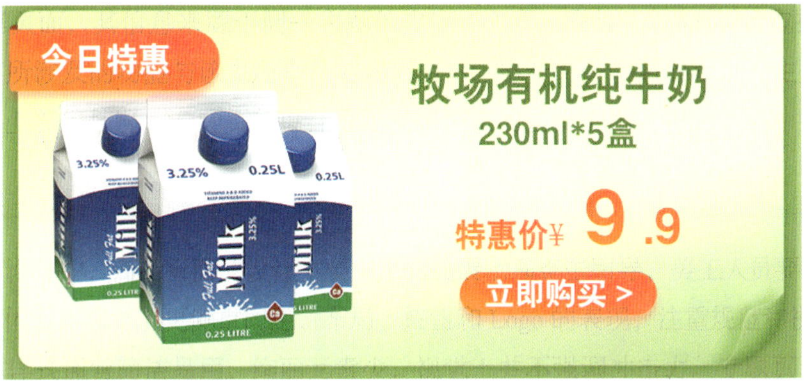

图 8－36

步骤 19 将“标签背景”素材中对应“线上预订”部分的素材拖入画布中，按 Ctrl+T 组合键，执行自由变换命令，调整素材至合适的大小、位置，效果如图 8－37 所示。

步骤 20 再次拖入步骤 19 中的背景素材至画面右侧，单击图层样式 fx，选择投影命令，不用更改投影效果的默认参数，单击“确定”，添加投影效果。单击“创建新的填充或调整图层”按钮，选择“色相 / 饱和度”命令，设置色相、饱和度、明度的值分别为 –39、+3、+13，效果如图 3－38 所示。

图 8－37

图 8－38

步骤 21 选择文字工具，撰写文案“牧场鲜奶预订”，设置字体为华光大黑、字号为 35 点、文字颜色为橙色，R、G、B 的值分别为 208、116、34，退出文字编辑状态。继续选择文字工具，撰写文案“每天新鲜配送到家（仅限同城）”，更改字体为微软雅黑，字号为 18 点，文字颜色更改为黑色，效果如图 8－39 所示。

步骤 22 参照步骤 17 和步骤 18，完成左上角标签和“立即预订”按钮的制作，效果如图 8－40 所示。

图 8－39

图 8－40

步骤 23 新建组，命名为“线上预订”，将步骤 19 至步骤 22 中的所有图层拖入组中，按 Ctrl+J 组合键，复制组，重命名为“会员专区”，更改相应的文案和素材。更改背景素材“调整图层”效果的参数，设置色相、饱和度、明度的值分别为 –67、+3、+13，效果如图 8－41 所示。

图 8－41

步骤 24 参照步骤 10，完成“新鲜热卖推荐”标签的制作，效果如图 8－42 所示。

图 8－42

步骤 25 将“标签背景”素材中对应“热卖推荐”部分单品列表的素材拖入画布中，按 Ctrl+T 组合键，执行自由变换命令，调整素材至合适的大小、位置，效果如图 8－43 所示。

图 8－43

步骤 26 选择文字工具，撰写文案“新鲜香橙果汁 250ml”，设置字体为华光大黑、字号为 45 点，文案“250ml”的字号设置为 30 点，文字颜色统一设置为黑色，退出文字编辑状态。继续选择文字工具，撰写文案“鲜果特榨 富含维 c”，更改字体为微软雅黑、字号为 30 点，文字颜色更改为灰色，效果如图 8－44 所示。

步骤 27 选择文字工具，撰写文案“活动价 24.9/5 盒”，设置字体为华光大黑、字号为 30 点，单独选中数字“24”，字号更改为 62 点，文字颜色统一设置为橙色，R、G、B 的值为 225、86、14。参照步骤 17 和步骤 18，完成“立即购买”按钮的制作，效果如图 8－45 所示。

图 8 - 44

图 8 - 45

步骤 28 选择文字工具，撰写文案“第二件立减 10 元”，设置字体为华光大黑，字号设置为 24 点，文字颜色统一设置为白色。新建组，命名为“单品列表 1”，将步骤 25 至步骤 28 中的所有图层拖入组中，效果如图 8 - 46 所示。

步骤 29 按 Ctrl+J 组合键，复制“单品列表 1”，重命名为“单品列表 2”，更改组中相应的文案内容和素材，并调整至合适的位置，效果如图 8 - 47 所示。

步骤 30 参照步骤 9 绘制圆角矩形底色，参照步骤 10 完成“瓶装奶全新上市”标签的制作，效果如图 8 - 48 所示。

图 8－46

图 8－47

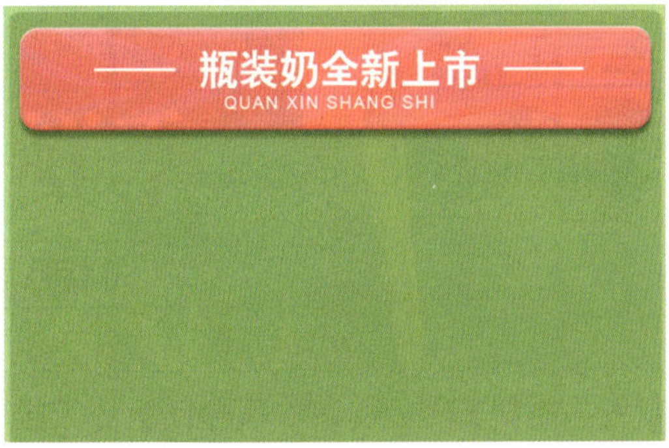

图 8－48

步骤 31 选择圆角矩形，圆角半径设置为 20 像素，绘制圆角矩形，填充颜色设置为白色、无描边。新建图层，再次绘制圆角矩形，填充任意颜色。在“牛奶”素材中，选择“酸奶”素材，将素材拖入画布中，按 Alt 键单击“酸奶”和圆角矩形两个图层的中间位置，生成剪贴蒙版，效果如图 8－49 所示。

步骤 32 选择文字工具，撰写文案“瓶装酸奶”，设置文字属性为华光大黑字体、37 点、黑色，继续撰写文案“200ml*2”，更改字号为 18 点，退出文字编辑状态。再次选择文字工具，撰写文案“含益生菌 好喝助消化”，设置文字属性为微软雅黑字体、22 点、灰色，效果如图 8－50 所示。

图 8－49

图 8－50

步骤 33 参照步骤 27，完成价格标签和“立即购买”按钮的制作，效果如图 8－51 所示。

图 8－51

步骤 34 新建组，命名为“瓶装鲜奶”，将步骤 31 至步骤 33 中所有图层拖入组中，按 Ctrl+J 组合键，复制组，重命名为“瓶装鲜奶”，更改相应的文案和素材，并调整至合适的位置，效果如图 8－52 所示，活动页的完整效果如图 8－53 所示。

图 8－52

图 8－53

本章小结

本章介绍了专题页与活动页的设计与制作方法。在专题页的视觉设计方面，主要介绍了专题页的页面结构、头图的设计方法以及内容区的设计技巧。活动页的视觉设计方面，主要介绍了举办电商活动的作用和目的、活动页的设计要点。

实训活动

实训内容：下载本章实训素材，完成“走遍大好河山”专题页制作。

实训目的：练习专题页的视觉设计与制作。

实训要求：

1. 下载本章素材，分析专题页的结构、配色、字体等；
2. 完成如图 8－54 所示效果的制作。

图 8－54

思考与练习

1. 通过淘宝、天猫等平台网站浏览专题页面，总结专题页的常见版式。
2. 思考专题页和活动页的区别。

09 第 9 章　移动端网店的视觉设计与装修

本章导读

随着移动互联网的迅猛发展，用手机购物已经成为当前的购物趋势。因此，除了对 PC 端网店进行设计与装修外，移动端网店的设计与装修也是不容忽略的一部分。只有设计出更加注重交互体验与友好度的页面，才能赢得消费者的心，从而促进产品的销售。

学习目标

知识目标

1. 了解移动端店铺页面的框架结构；
2. 了解移动端店铺对图片发布的尺寸要求；
3. 掌握移动端网店模块的编辑与装修方法。

能力目标

1. 能够完成移动端模块的设计和装修；
2. 能够完成移动端页面的装修设计。

素养目标

1. 培养随机应变的能力；
2. 培养独立规划、布局移动端网页的能力。

9.1 移动端网店装修的基础知识

在当今移动互联网时代，随着移动设备的普及和发展，越来越多的网民喜欢用手机上网购物，网络购物向移动端转移的趋势进一步加强。移动端无论是在网店流量还是成交额方面都占据着非常重要的位置，因此，对于电商企业来说，移动端店铺视觉设计成为重点关注对象之一。

9.1.1 移动端店铺的设计要点

移动端店铺旨在满足不同用户的购物需求，其中聚合了大量的功能，呈现出流量大、点击率高、转化率高等特点。移动端店铺虽然很方便、快捷，但因为移动端屏幕面积有限，且受到系统、储存设备等软件硬件的限制，所以店铺装修并不是那么容易，需要注意以下几点：

1. 对内容整体把控

移动端店铺空间有限，若页面中放置的内容太多，会显得烦琐、杂乱，进而影响消费者的浏览体验，这就要求页面内容精简，并且突出重点。

2. 注意图片大小

准备图片的时候，要考虑图片的大小。如果图片过大，一方面由于部分消费者没有 Wi-Fi，流量有限，会浪费消费者流量；另一方面，过大的图片会延长页面加载时间，进而影响消费者的体验，导致消费者流失。

3. 从消费者购物习惯出发

相对电脑来说，手机屏幕要小很多。要向手机用户的消费者展示商品，让消费者看得清楚，提供好的购物体验，就要求装修移动端店铺时，图片的清晰度和大小均要适应手机的尺寸及分辨率等特征，符合消费者的购物习惯。

4. 充分利用模块展现

要充分利用移动端的主图展示位。由于手机屏幕的尺寸限制，详情页的内容很难看清楚，消费者往往没有足够的耐心仔细观看商品详情页，更多的时候消费者只会看主图，所以要充分利用主图体现商品的细节、特色、品质等。

9.1.2 移动端店铺与 PC 端店铺的区别

关于网店店铺装修，移动端与 PC 端有很大的不同。移动端有其自身的特点，在店铺的视觉设计上绝不能照搬 PC 端的策略和方法，接下来介绍移动端店铺和 PC 端店铺的差异。图 9－1 和图 9－2 为某网店 PC 端和移动端页面的对比。

图 9－1

图 9－2

1. 尺寸不同

移动端显示的宽度为 750 像素，而 PC 端的显示宽度一般为 950 像素，若尺寸不适合会造成界面混乱。

2. 布局不同

相比于 PC 端，移动端更注重浏览体验，省略了边角的活动模块，以及详细的广告文案。

3. 内容不同

PC 端会通过较多文字说明产品的卖点、促销信息、优惠信息等，而移动端文字则更为精简。

4. 分类不同

移动端使用了分类图标，分类模块比较简洁、清晰，而 PC 端的分类信息更详细。

9.2 移动端网店首页的视觉设计

在设计移动端店铺首页前，需要先设计店铺首页的整体框架结构，再单独调整各个模块内容。常见的店铺页面布局包括店招、焦点图、优惠券、分类导航、商品展示、店铺底部等，布局模板如图 9－3 所示。

图 9－3

9.2.1 店铺店招设计

移动端的店招与 PC 端不同，PC 端的店招允许商家自行上传符合店铺风格和品牌个性的店招素材，但移动端的店招则由系统自动生成，不再有店招模块，不需要商家自行装修。由于店招模块尺寸有限，无法同时呈现过多的营销信息，为了使店招信息更加清晰明了，增加信息的可读性，店招默认展示店铺名称、店铺类别、店铺信誉、粉丝数量、收录情况以及订阅按钮。

9.2.2 焦点图设计

焦点图也称海报图，通常放在移动端的店招下方，一般用于店铺活动宣传、店铺产品宣传、店铺形象宣传等，具有很好的引流效果。在设计移动端焦点图时，由于手机屏幕尺寸较小，因此在构图方式和文本设计方面都要求简洁。

焦点图宽为 750 像素，高度为 200 ～ 950 像素，下面以蜂蜜产品移动端店铺为例制作焦点图，效果如图 9－4 所示。制作时需要突出产品，具体操作如下：

图 9－4

步骤 1 运行 Photoshop 软件，按住 Ctrl+N 组合键新建一个宽为 750 像素、高为 463 像素的空白画布，命名为“焦点图设计”，如图 9－5 所示。

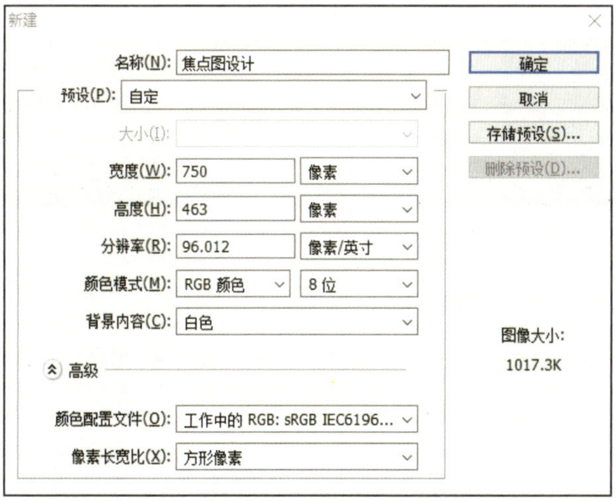

图 9－5

步骤 2 单击“移动”工具将素材图“天空背景”“草地背景”“岩石背景”拖入画布，如图 9－6 所示。

图 9－6

步骤 3 单击“移动”工具将已经抠完图的各种产品以及蜜蜂素材拖入画布，并按照顺序排列“产品素材图”，确保产品素材图在背景类素材图图层的最上方显示，如图 9－7 所示。

图 9－7

步骤 4 选择石头素材，按 Ctrl 键并单击图层，将其载入选区，新建图层，选择渐变填充工具，将其设置为由黑到透明的渐变色，由上至下填充选区，以此调节石头的质感，使其更真实。选择加深工具，涂抹产品素材的四周，加深边缘，如图 9－8 所示。

步骤 5 选择小蜜蜂素材，将其拖入画布中，放置在产品的右上角。然后选择其他两只小蜜蜂，选择菜单栏的“滤镜—转换为智能滤镜”，再选择“滤镜—模糊—动感模糊”，选择合适的数值，为小蜜蜂营造飞动的模糊视觉效果，如图 9－9 所示。

步骤 6 单击工具栏“文字”工具，在背景图层左上方添加“文字图层”输入内容“真蜂蜜的搬运工”，最后，再利用“移动”工具调整各图层大小、位置，最终效果如图 9－10 所示。

图 9－8

图 9－9

图 9－10

9.2.3 优惠券设计

优惠券是用于吸引消费者的一种重要的促销手段，通常会被放在店铺首页的开端位置，可以第一时间引起消费者的注意。优惠券的尺寸为 248×146 像素，要求重点醒目、清晰、互动性强，具有分隔空间、活跃页面的效果，可以直接使用优惠券模块制作，也可以使用多图模块、左文右图等模块进行制作。

下面为蜂蜜产品移动端店铺制作优惠券，效果如图 9－11 所示，具体操作如下：

图 9－11

步骤 1 运行 Photoshop 软件，按住 Ctrl+N 组合键新建一个宽为 750 像素、高为 200 像素的空白画布，命名为“优惠券设计”，如图 9－12 所示。

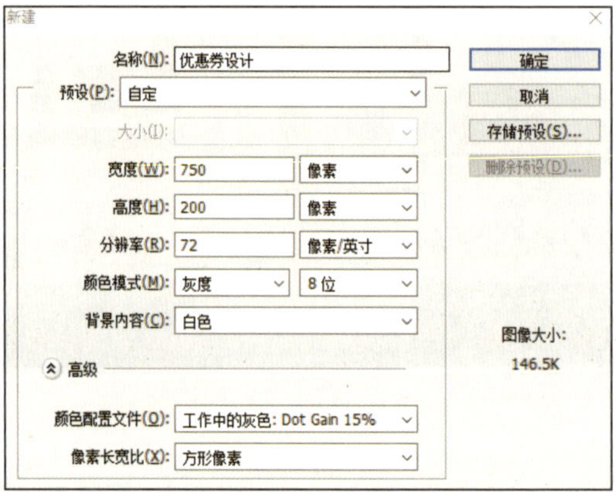

图 9－12

步骤 2 单击“形状”工具，选择圆角矩形，设置前景色为红色，创建一个红色的圆角矩形，如图 9－13 所示。

图 9－13

步骤 3 选择文字工具，颜色设置为白色，分别撰写数字 5 和文案“优惠券满 49 元使用”，如图 9－14 所示。

图 9－14

步骤 4 新建图层，选择矩形选框工具，在新图层上绘制白色矩形。选择文字工具，颜色设置为深灰色，撰写文案“立即领取”，如图 9－15 所示。

图 9－15

步骤 5 选中除了背景以外的所有图层，按图层面板左下角的链接图层按钮，将这些图层关联在一起，并复制出两组，修改另外两组的文案内容，效果如图 9－16 所示。

图 9－16

9.2.4 商品分类导航设计

通常情况下，在移动端店铺首页中，轮播图片与优惠券板块后面是分类导航板块。在设计这个板块时，注意控制好显示尺寸与比例，使其能够清晰与完整地展示在消费者面前，起到快速导航的作用。

下面为蜂蜜产品移动端店铺制作商品分类导航，效果如图 9－17 所示，其具体操作如下：

图 9－17

步骤 1 运行 Photoshop 软件，按住 Ctrl+N 组合键新建一个宽为 750 像素、高为 215 像素的空白画布，命名为“商品分类设计”。

步骤 2 选中矩形工具，绘制圆角矩形，并填充为橙色，按 Ctrl+J 组合键复制图层，并利用键盘的方向键将上方图层向左上轻轻移动，形成些许错位即可，如图 9－18 所示。

图 9－18

步骤 3 打开蜂蜜素材，摆放至合适位置，按 Alt 键，单击圆角矩形副本图层与蜂蜜图层的间隙，形成图层蒙版，再调整蜂蜜素材，使其位置合适，效果如图 9－19 所示。

图 9－19

步骤 4 选择矩形工具，绘制圆角矩形，填充为深红色，并调节其透明度至 75%，效果如图 9－20 所示。

图 9－20

步骤 5 选择文字工具，设置为白色，撰写文案“巢蜜专区”和“可以嚼着吃的蜂蜜”，并调整文字大小，使其形成上大下小的对比，效果如图 9－21 所示。

图 9－21

步骤 6 打开炫光素材，将其拖入画布，放置在文字下方。红色圆角矩形的边缘，图层混合模式设置为滤色。用同样的方法完成右侧文案的效果，效果如图 9－22 所示。

图 9－22

9.2.5 商品分类展示设计

商品分类展示模块用于对店铺的商品进行展示，在布局的同时应尽量将主营的商品全部覆盖。展示时，应将主推商品、热销商品进行重点突出，可通过色相对比吸引消费者的眼球，或添加相应元素引导消费者。

下面为蜂蜜产品移动端店铺制作商品分类展示设计，如图 9－23 所示，具体操作如下：

图 9－23

步骤 1 运行 Photoshop 软件，按住 Ctrl+N 组合键新建一个宽为 750 像素、高为 700 像素的空白画布，命名为“商品分类展示设计”，如图 9－24 所示。

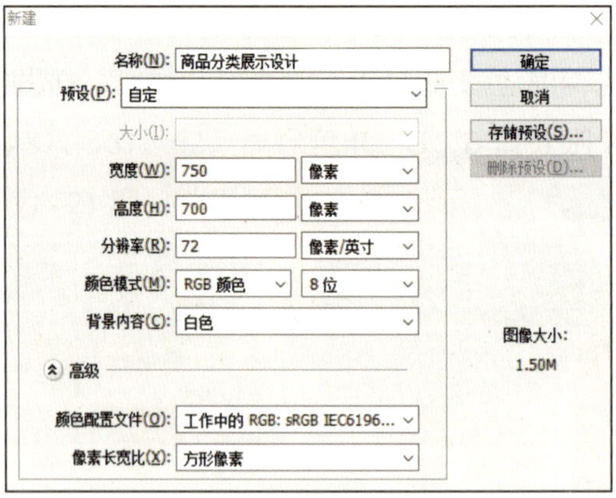

图 9－24

步骤 2 新建图层，选择椭圆选框工具，按 Shift 键，绘制正圆，填充为褐色，并选择描边的图层样式，为其描一个 5 像素粗细的橘色边框，效果如图 9－25 所示。

步骤 3 打开巢蜜素材，并将其拖入画布，按 Alt 键，同时单击蜂蜜图层与圆形图层的中间，使其成为图层蒙版。打开巢蜜礼盒素材，抠图后将其拖入画布，调整好位置，效果如图 9－26 所示。

图 9－25

图 9－26

步骤 4 选择文字工具，撰写文案“1500g 巢蜜”“超大巢蜜　送礼佳品”“聚享价：¥428”，将“428”设置为红色，其余文字设置为深褐色，并分别调整其字体大小，使其形成大小对比，突出重点，效果如图 9－27 所示。

步骤 5 新建图层，选择矩形工具，绘制黑色圆角矩形，选择文字工具，撰写文案“立即购买”，将文案设置为白色。选择画笔工具，前景色设置为黑色，画笔粗细为 2 像素，按 Shift 键，在文案“超大巢蜜　送礼佳品”的上下各绘制一条直线，效果如图 9－28 所示。

步骤 6 打开 450g 巢蜜素材，并将其拖入画布，调整位置和大小，用同样的方法完成左侧的文案部分，整体效果如图 9－29 所示。

图 9－27

图 9－28

图 9－29

9.3 移动端网店详情页的视觉设计

移动端店铺的详情页与 PC 端店铺的详情页有着同样的设计思路，在设计移动端详情页时需要控制好文字的大小、页面长度等，以适应移动端的页面特点。本节将介绍移动端店铺详情页的设计方法与技巧。

9.3.1 移动端详情页的特征

详情页的好坏会影响店铺流量转化率的高低，与 PC 端的详情页相对比，移动端的详情页具有以下五个特征。

1. 尺寸更小

移动端的详情页往往比较小，宽度一般为 620 像素，一屏高度不超过 960 像素。为了能在一屏内展示消费者想看的内容和信息，在设计时需要考虑其页面的高度。

2. 卖点更加精练

移动端详情页的内容可以参照 PC 端，但是移动端更加注重在最短时间内把消费者的购买欲望放大到最大，因此移动端详情页内的商品卖点应该更加精练。

3. 场景更加丰富

由于移动端消费者可以在多种场景内进行购物，如车内、沙发、卧室等，因此，在移动端详情页中添加多种场景可以使其更加贴近生活，使消费者增加对商品的了解。

4. 页面切换不方便

消费者在浏览 PC 端详情页面时可以很方便地通过页面的文字或按钮切换页面，但使用移动端进行页面切换就不是很方便，因此移动端详情页中的图片以及图片上的引导文字一定要清晰并且具有吸引力，能够快速促进消费者购买。

5. 页面文件的容量更小

在 PC 端浏览页面平均需要消耗 9MB 流量，因此，若直接将 PC 端详情页转化为移动端详情页，将导致页面加载缓慢，耗费更多的流量，所以移动端的详情页应单独设计，使页面文件更小。

9.3.2 移动端详情页的设计要点

基于移动端网店的特征，网店美工在设计其详情页时需要注意以下三点。

1. 图片设计要点

图片的大小要适中，过大的图片容易出现加载缓慢的问题，影响购物体验，应在保证图片清晰度的同时尽量压缩图片；细节图不能太小，尽量保证清晰度，让消费者能够看见细节详情，产生购买欲望。

2. 文字设计要点

图片中的重点文案信息，如商品信息和商品内容描述文字等都不能太小，否则容易导致诉求不清。

3. 商品卖点设计

想要商品卖点突出，就要合理控制页面展示的信息量，省略一些无关紧要的内容，提升消费者的购物体验。

9.3.3 移动端详情页设计

移动端详情页的设计与 PC 端类似，都可分为焦点图、信息展示图、卖点图等内容，但其文字较少，图片展现较多，下面将根据详情页的制作方法对移动端详情页进行制作，使效果更加符合移动端的需求。

以蜂产品为案例制作移动端详情页，效果如图 9－30 所示，其具体操作如下。

图 9－30

步骤 1 运行 Photoshop 软件，按住 Ctrl+N 组合键新建一个宽为 620 像素、高为 2 000 像素的空白画布（高度可根据实际需求随时调节），命名为“移动端详情页”。

步骤 2 新建图层，选择椭圆选框工具，按 Shift 键，绘制正圆，填充为咖啡色，并调整至合适位置，命名为“半圆背景”，效果如图 9－31 所示。

步骤 3 选中刚做好的半圆背景图层，按 Crtl+J 组合键复制图层，并利用键盘上的方向键，向上移动一个边缘，利用渐变色填充，自上而下由透明至深黄渐变，效果如图 9－32 所示。

图 9－31

图 9－32

步骤 4 再次选中半圆背景图层，按 Crtl+J 组合键复制图层，按 Ctrl+T 组合键利用自由变换工具，将图层在纵向上压缩，并调节图层位置，填充为灰色，命名为“灰色半圆背景”，效果如图 9－33 所示。

步骤 5 打开蜂蜜素材，将其拖入画布中，使其在灰色半圆背景图层的上方。按 Alt 键，单击两个图层的中间位置，使其成为图层蒙版，效果如图 9－34 所示。

图 9－33

图 9－34

步骤 6 选择钢笔工具，新建图层，在顶部绘制形状，如图 9－35 所示。将路径转化为选区，命名为“Logo 背景”并填充白色。

步骤 7 选择 Logo 背景图层，按 Crtl+J 组合键复制图层，并利用方向键向上稍作移动，填充为红色，并将 Logo 素材拖入，如图 9 - 36 所示。

图 9 - 35

图 9 - 36

步骤 8 选择文字工具撰写文字“荆条蜜”和“真正好蜂蜜”，并调整至合适的字号和位置，效果如图 9 - 37 所示。

步骤 9 选择画笔工具，设置为“平扇形”笔尖，前景色设置为红色，新建图层，在“真正好蜂蜜”文案上方，绘制一竖条红色背景，并选择文字工具，撰写温色文字“甜润”，效果如图 9 - 38 所示。

图 9 - 37

图 9 - 38

步骤 10 打开相关蜂蜜和树叶等素材，一一抠图后拖入画布，并调整位置和图层顺序，效果如图 9 - 39 所示。

图 9 - 39

步骤 11 选择文字工具，撰写商品的属性信息，并在每行文字下方绘制虚线。绘制虚线时，选择文字工具，利用键盘上的“-”绘制，并调节合适的字号和字间距即可。效果如图 9 - 40 所示。

步骤 12 新建图层，选择矩形选框工具，绘制矩形，并选择渐变工具，填充为深黄、浅黄的渐变。选择文字工具，撰写关于温馨提示的文案内容，效果如图 9－41 所示。

品 牌：意生缘	生产许可证号：
名 称：荆条蜜	SC12636012411038
规 格：250g/瓶	保质期：18个月
产 地：江西南昌	保存方法：置阴凉干燥处

图 9－40

温馨提示：蜂蜜结晶属于自然现象，不影响蜜蜂本身的营养价值，消费者可放心食用。

图 9－41

步骤 13 新建图层，选择矩形选框工具，绘制矩形，并选择渐变工具，填充为灰色至透明的渐变。打开相关素材，将素材依次拖入画布中，摆放至合适的位置。选择文字工具，在合适的位置撰写文案信息，并按图 9－42 所示的效果设置文字的字体、字号和颜色等。

步骤 14 新建图层，选择钢笔工具，绘制波浪线边缘的矩形，并将路径转换为选区后填充白色。打开相关素材，抠图后将素材一一拖入画布中，并调整位置。选择钢笔工具，绘制水滴形形状，填充为橙色。选择文字工具，撰写文案信息，并调节至合适的大小、字体、颜色，效果图如图 9－43 所示。

图 9－42

图 9－43

步骤 15 用和步骤 14 中相同的方法，完成下面相关内容的制作，效果图如图 9－44 所示。

图 9－44

步骤 16 新建图层，选择圆角矩形，绘制矩形形状，填充为黑色，并按 Ctrl+J 组合键复制三个矩形，将四个矩形摆放成田字格形式。打开相关素材，并将其拖入画布中，并调整图层顺序，将四个素材一一摆放至每个黑色矩形的上方。按照前面步骤中介绍的关于图层蒙版的操作，将其分别设置成图层蒙版，效果图如图 9－45 所示。

图 9－45

步骤 17 按照如上方法，完成其余部分，整体效果图如图 9－30 所示。

本章小结

本章学习了移动端网店装修的设计思路和技巧。随着 Wi-Fi、5G 网络、智能手机的普及，移动端的店铺流量远远超过 PC 端，因此做好移动端的店铺装修至关重要。移动端网店的首页、商品详情页都会直接影响店铺的转化率，但移动端设备和 PC 端有较大的区别，需要网店美工根据移动端的特点，用心去设计与制作。

实训活动

实训内容：下载本章实训素材，为其设计移动端首页和详情页。

实训目的：练习移动端网店首页和商品详情页的视觉设计与制作。

实训要求：

1. 根据给出的素材，进行产品定位，确定设计风格；
2. 设计制作时要注意各个板块的设计方法和要求；
3. 注意移动端图片尺寸和 PC 端图片尺寸的区别。

思考与练习

1. 找出三家自己感兴趣的网店，并分析它们的用户体验设计好在哪里。
2. 简述如何对移动端首页进行优化。

参考文献

［1］张璐，王婷婷．Photoshop CC 网店美工视觉设计实战［M］．北京：人民邮电出版社，2023.

［2］梁小丽，罗天兰．网店美工视觉设计实战教程［M］．北京：人民邮电出版社，2023.

［3］童海君，陈民利．网店视觉营销与美工设计［M］．2 版．北京：北京理工大学出版社，2024.

［4］杜小祥，梁庆枫，向文燕．网店美工视觉营销设计实战一体化指导教程［M］．长沙：中南大学出版社，2019.

［5］邹凌空，张声勇，李芳．网店美工［M］．兰州：兰州大学出版社，2022.

［6］贲志红，郑海燕．电商视觉营销［M］．2 版．北京：人民邮电出版社，2023.